国家社会科学基金"十三五"规划2017年度教育
于项目的中小学STEAM教育应用模式研究"
BCA170081）

教 育 新 视 点 丛 书

ERTONG STEAM JIAOYU
YINGYONG DE
LILUN YU SHIJIAN

儿童STEAM教育应用的
理论与实践

袁 磊/著

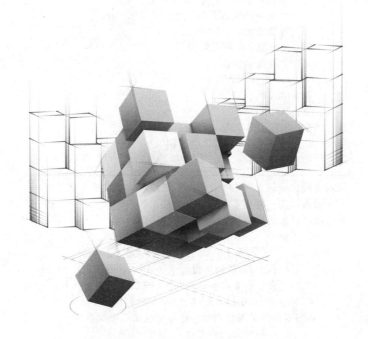

北京师范大学出版集团
BEIJING NORMAL UNIVERSITY PUBLISHING GROUP
北京师范大学出版社

图书在版编目(CIP)数据

儿童 STEAM 教育应用的理论与实践 / 袁磊著. —北京：北京师范大学出版社，2022.1(2023.11 重印)
ISBN 978-7-303-26734-7

I. ①儿… Ⅱ. ①袁… Ⅲ. ①儿童教育—教育研究 Ⅳ. ①G610

中国版本图书馆 CIP 数据核字(2021)第 013040 号

图 书 意 见 反 馈　gaozhifk@bnupg.com　010-58805079
营 销 中 心 电 话　010-58802135　58802786
北师大出版社教师教育分社微信公众号　京师教师教育

出版发行：北京师范大学出版社 www.bnup.com
　　　　　北京市西城区新街口外大街 12-3 号
　　　　　邮政编码：100088
印　　刷：天津旭非印刷有限公司
经　　销：全国新华书店
开　　本：710 mm×1000 mm　1/16
印　　张：13.25
字　　数：210 千字
版　　次：2022 年 1 月第 1 版
印　　次：2023 年 11 月第 2 次印刷
定　　价：50.00 元

策划编辑：伊师孟　　　　责任编辑：马力敏　李灵燕
美术编辑：陈涛　焦丽　　装帧设计：陈涛　焦丽
责任校对：康悦　　　　　责任印制：马絜

序　言

　　1986 年，美国国家科学委员会发表了《本科的科学、数学和工程教育》报告，拉开了 STEAM 教育发展的序幕。随着人类技术进步与时代发展的步伐加快，全球对创新科技人才的需求日益增长，各个领域都逐渐意识到 STEAM 教育是人力资源培养和国家竞争力的一剂良药，于是 STEAM 教育的研究成果和实践经验日益丰富。国际上对 STEAM 教育研究开始于高等教育，随着逐步深入研究发现，学生越早接触 STEAM 教育，越有利于他们在高等教育专业选择和职业发展中从事 STEAM 相关领域的工作。无论从个人发展还是从人力资源储备来讲，这都是有益的。我国基础教育阶段对 STEAM 教育研究的热忱正是在此背景下，发展出以北京、上海、浙江、广东、四川等地的各级各类学校和研究机构为代表的教育先行者，为我国 STEAM 教育的发展做出了重要贡献。

　　国内现有的研究成果呈现出百家争鸣、百花齐放的态势，这对我国中小学教育改革具有极大的促进作用。特别是在科学教育领域，2017 年颁布的新版《义务教育小学科学课程标准》明确提出科学教育和 STEAM 教育的重要价值和实施建议，这是学校教育层面对如何培养学生批判性思维、问题解决能力和创新能力面临的前所未有的推动力量。但是由于 STEAM 教育被作为舶来品，所以对 STEAM 教育的理解和期待国内教育研究者应从国情和学情的双重视角来进行审视，尤其是如何常规化落实 STEAM 课程，降低 STEAM 课程的准入门槛，开发通用性强的 STEAM 系列活动，使不同级别和类别的学校和学生在 STEAM 教育中获益，而不是让 STEAM 教育理念在个别学校中昙花一现，不是只让个别学生的发展受益。基于上述思考，本研究依托全国教育科学规划国家一般课题"基于项目的中小学 STEAM 教育应用模式研究"，在前人研究成果的基础上，扎根于小学学段开展了一系列的理论研究和实践研究，将研究成果归纳整理进而完成此书。

本书在梳理国内外已有相关研究的基础上，界定了 STEAM 教育概念的内涵，并结合小学生的认知发展特点，综合运用建构主义学习理论、维果茨基的社会文化历史理论，结合国家基础课程分析了小学 STEAM 课程的目标和性质，以学校正规教育和校外非正规教育的双重视角对教学模式、教学活动设计、教学评价和教学支持系统四个维度进行了理论辨析、模式建构和实践探索。在此基础上，提出了小学开展 STEAM 教育的策略建议和未来愿景，以期对我国基础教育阶段 STEAM 教育发展提供借鉴。

目　录

第一章　儿童 STEAM 教育概述

第一节　儿童 STEAM 教育的基本概念

一、STEAM 教育的产生背景

第二次世界大战之后，为争夺世界霸主之位，美国与苏联开启了长达近半个世纪的冷战。两个国家在政治、军事、经济、科技等多个方面展开激烈的博弈。1957 年，苏联率先发射了世界上第一颗人造卫星，随后将一名宇航员送上了太空。苏联在宇航方面的重大突破不仅震惊了整个世界，更是激起了美国人的强烈担忧。在至关重要的科学与技术领域屈居第二位，让美国这个极具危机感与反思意识的民族陷入了焦虑与不安。美国一方面担心苏联会使用类似的飞行器向他们的城市投掷氢弹，另一方面担心在科技与军事的竞争中会无一例外地败给苏联。[①] 在太空据点之战失利之后，美国对学校教育进行了全面的反思，他们将在科技方面落后的原因归结于学校教育质量的下滑、理工科人才的缺失、对教育投入的不足、课程设置缺乏基础性和系统性与不重视数学和科学教育。

---

① ［美］L. 迪安·韦布：《美国教育史：一场伟大的美国试验》，312 页，合肥，安徽教育出版社，2010。

　　美国学者深刻意识到更新教育理念、改变教育政策，完善课程设置的重要性，并决定开展一场以科学、数学为中心的教育变革。据此，STEM（Science，Technology，Engineering，Mathematics）教育应运而生。1986 年，美国国家科学基金会发布了第一个关于 STEM 教育的指导性文件——《本科科学、数学和工程教育》，该文件明确提出"集成科学、数学、工程和技术教育"的纲领性建议，此时，"科学、数学、工程和技术教育的集成"被称为"SMET"。由于与"smut"发音相近，2001 年，教育与人力资源部负责人朱迪斯正式提出"STEM"一词。因此，"SMET"被视为"STEM"的开端。1996 年，针对 K12 阶段 STEM 教师的素质普遍较低的问题，美国国家科学基金会发布了《塑造未来：透视科学、数学、工程和技术的本科教育》，在报告中总结了之前十年 STEM 教育的发展与成果，并对今后 STEM 教育的发展提出展望：大力培养 K12 年级教育系统中科学、数学、工程和技术学科的师资队伍。2006 年 2 月，布什政府发布了《美国竞争力计划》，通过加大在科学技术领域的投资力度来提高美国的创新力及在全球范围内的竞争力。该文件是关于 STEM 教育的重要政策文件，其中提到"要用创新引领世界"这一宏伟目标，并指出知识经济时代教育目标之一是培养具有 STEM 素养的人才。[①]

　　2006 年，美国弗吉尼亚科技大学的亚克门教授在原有 STEM 教育的基础上，将艺术作为一个非常重要的人文因素融入 STEM 教育中，主张强化学习者的艺术素养和人文底蕴。可以看出，STEAM 教育起源于美国高等教育，逐渐影响到 K12 阶段的教育，目的是改善美国学习者在科学、数学等理工科领域的薄弱之处，提倡学习者在大学阶段选择与 STEAM 相关的学科，培养具有创新思维、创造性能力的综合性人才以提升国际竞争力。

---

　　① 金慧、胡盈滢：《以 STEM 教育创新引领教育未来——美国〈STEM 2026：STEM 教育创新愿景〉报告的解读与启示》，载《远程教育杂志》，2017(1)。

二、STEM 与 STEAM 概念辨析

(一)STEM 教育

STEM 是科学、技术、工程以及数学这四门学科的英文首字母组成的缩略词，强调跨学科知识的整合。STEM 是个多学科交融的领域，该领域又存在于教育系统中，因此 STEM 在话语上可以等同于 STEM 教育。[①] STEM 教育不仅是科学、技术、工程以及数学这四门学科的简单叠加，而且它强调将原本分散的这四门学科的内容有机组合成一个新的整体，并在此基础上进行拓展延伸，旨在培养学习者的科学素养、技术素养、工程素养以及数学素养。其中，科学是关于客观事物的事实与规律的阐述，是认识世界的重要渠道；技术是人类在长期社会实践过程中积累起来的方法和技巧，技术改变世界；工程是运用科学原理利用技术来解决实际问题、设计与制作的过程；数学是研究数量、几何、图形、结构以及空间等概念的一门学科，是一种表述科学的语言与工具。简单来说，科学是关于"是什么"的知识，技术是关于"怎么做"的知识，工程是关于"如何进行设计"的知识，数学是解决以上问题的工具。这四门学科不是各自独立的，而是密切联系、相互促进的。其中，科学是所有学科的立足点；技术可以为工程设计提供方法、技巧；工程是验证科学和数学知识的有效手段；数学在科学、技术、工程领域中被广泛应用。

对于 STEM 教育的定义，学术界存在着三种理解。第一种认为 STEM 教育是后设立的一门课程，即学习者首先学习有关 STEM 各学科的独立课程，在此基础上再学习一门如何整合已学到的 STEM 知识的课程；第二种认为 STEM 教育是一门有机整合 STEM 知识的独立课程，由它代替传统的 STEM 所涉及的课程，培养学习者的综合运用各专业知识的能力；第三种则将 STEM 教育视为一种教学策略，其核心目标是通过灵活应用探究性学

---

① 杨晓哲、任友群：《数字化时代的 STEM 教育与创客教育》，载《开放教育研究》，2015(5)。

习、基于项目的学习和基于设计的学习等学习方式，来培养学习者综合利用 STEM 知识解决现实问题的能力。[①]

与传统课堂禁锢式、填鸭式的教学思想不同，STEM 教育主张基于真实的问题情境，运用跨学科的思想，自主探究、主动探索，解决来自现实生活中的实际问题。STEM 教育有利于培养学习者的科学探究能力、创新意识、批判性思维、实践能力以及运用多学科知识解决实际问题的能力，并有可能在学习者的未来生活和工作中持续发挥作用。STEM 教育在基础教育中的应用对促进教育、教学改革具有重大的意义。

（二）STEAM 教育

首先，随着科技的迅猛发展，人类为了获取利益、满足个人需求，滥用科学技术，过度开采自然资源，滥砍滥伐，破坏环境，从而造成了环境污染、资源短缺、物种灭绝等一系列自然问题。其次，在个人利益大于集体利益想法的驱动下，人与社会、人与人之间的矛盾也日趋激烈，严重影响了社会的和谐发展与人类文明的不断进步。因此，在当下社会科学发展中人们呼吁关注科技的人文化，教育理论界也呼吁关注教育的人文性。[②] STEAM 教育是在 STEM 教育的基础上添加了人文艺术，艺术"A"包含较广泛的人文艺术科目，涵盖社会研究（social studies）、语言（language）、形体（physical）、音乐（musical）、美学（fine）和表演（performing）等。[③] 将人文艺术加入 STEM 教育中，是对原有四门学科的补充，有利于塑造学习者的人文情怀，提升学习者的创造能力，有助于学习者从多个视角看待世界，认识不同学科之间的联系，并运用多个学科的知识解决现实生活中的实际问题。关于 STEAM 教育中"A"所传递的特殊理念，我国学者李刚认为，STEAM 教育传递着大艺术视角、艺术性阐释、可视化过程、设计性思维、

---

① 傅骞、刘鹏飞：《从验证到创造——中小学 STEM 教育应用模式研究》，载《中国电化教育》，2016(4)。

② 李惠敏：《从 STEM 到 STEAM：课程理念的变迁与课程实施策略》，载《黑龙江教育学院学报》，2018(12)。

③ 赵慧臣、陆晓婷：《开展 STEAM 教育，提高学习者创新能力——访美国 STEAM 教育知名学者格雷特·亚克门教授》，载《开放教育研究》，2016(5)。

美感的素养以及人文性色彩这六维理念，发挥着提升创造力、发展理解力、增长审辩力以及促进学习力的进阶这四大功能。①

对于 STEAM 教育的定义，我国学者展开了激烈的讨论，代表性的观点主要有以下几种。学者范文翔认为，STEAM 教育作为一种技术教育，是一种跨学科整合的教育、在做中学的教育、创新意识的教育、基于项目与问题的教育、依托工具与资源的教育、真实情境下的探究教育以及多元主体共同参与的教育。② 有学者认为，STEAM 教育作为一种培养复合型人才的跨学科整合教育模式，注重对数学、科学、工程、技术等知识密集型经济所需的基本技能与综合能力的培养，对基础教育教学改革具有重要作用与积极意义。③ 有学者认为，STEAM 教育是以项目学习、问题学习为主的学习方式，它在 STEM 教育基础上进行了延伸和拓展，形成了一种新的教育模式，是技术与工程教育和艺术人文教育的融合，旨在推动技术驱动的教学创新。④

STEAM 教育的各个学科不是简单的组合、叠加，而是相互联系、相互渗透、相互影响的。STEAM 教育注重在真实的问题情境下对学习者探究能力、创新思维、创造能力的培养，不仅可以使学习者具备科学、技术、工程、数学等理工科的基础知识与基本技能，而且有助于学习者感受人文艺术的魅力，培养学习者在 21 世纪极其重要的核心素养——创新素养。STEAM 教育强调跨学科知识的整合，注重对学习者科学素养与人文素养的培养，注重培养学习者灵活运用现代技术工具的能力。通过 STEAM 教育，我们不仅可以培养学习者的 STEAM 素养，提升学习者的综合素质和实践能力，而且还可以帮助他们掌握正确的学习方法，形成良好的生活态度。

---

① 李刚、吕立杰：《从 STEM 教育走向 STEAM 教育：艺术（Arts）的角色分析》，载《中国电化教育》，2018(9)。

② 范文翔、张一春：《STEAM 教育：发展、内涵与可能路径》，载《现代教育技术》，2018 (3)。

③ 胡畔、蒋家傅、陈子超：《我国中小学 STEAM 教育发展的现实问题与路径选择》，载《现代教育技术》，2016(8)。

④ 孙江山、吴永和、任友群：《3D 打印教育创新：创客空间、创新实验室和 STEAM》，载《现代远程教育研究》，2015(4)。

随着 STEAM 教育理念的不断深入发展，STEAM 教育不应该仅仅停留在"S""T""E""A""M"所代表的这五个学科的整合上，而应该主张更多学科知识的整合应用，即 STEAM 应该朝着"STEAM＋"（或者"STEAMx"）的方向发展。"STEAM＋"（或者"STEAMx"）代表一种全新的教育理念，是对 STEM 教育以及 STEAM 教育的拓展与延伸。

（三）STEM 教育与 STEAM 教育

1. STEM 教育与 STEAM 教育的共同之处

不论是 STEM 教育还是 STEAM 教育，都与传统浇灌式的教育理念不同。在传统课堂上，教师是整个教学活动的主体，学习者在教师的命令下被动地接受知识、进行大量的习题运算，一节课结束，学习者往往感觉整个课堂枯燥无味。而在以 STEM 教育和 STEAM 教育为教学理念的课堂上，学习者是整个学习过程的主体，教师只是学习者学习的指导者、引导者和支持者，起到教学支架的作用，学习者不再仅仅是为了学习而学习，而是基于自己的学习兴趣，自定学习步调，主动地获取自己感兴趣的知识，发现问题，分析问题，自主探究，交流协作，解决问题，在探究的过程中逐渐掌握各方面的技能。STEM 教育与 STEAM 教育符合素质教育的观点，符合新课改的教学理念，符合以学习者为本的发展理念，鼓励学习者在学习知识的过程中主动探索，将不同学科的知识整合起来，并运用这种跨学科的思想解决现实生活中的实际问题。STEM 教育和 STEAM 教育可以有效提高学习者的学习兴趣，调动学习者学习的主动性和积极性，培养学习者灵活运用现代技术工具的能力，促进学习者的全面发展。

2. STEM 教育与 STEAM 教育的区别

在美国 STEM 教育蓬勃发展的影响下，为了培养高质量人才，增加就业机会以提升综合国力和国际竞争力，澳大利亚、英国、日本、韩国等多个国家争相大力发展 STEM。与此同时，STEM 教育的薄弱之处也随之凸显，过于注重理工学科的教育理念不能激发大多数学习者的学习兴趣，不利于培养学习者的发散性思维和创新创造能力，不利于培养迎接未来全新挑战的综合性人才。在这种背景下，STEAM 教育应运而生。STEM 教育只关注项目本身，即做什么和如何去做，却忽视了对人本身因素以及环境背景的关注，即谁来做以及为什么要这么做。STEAM 教育实现了艺术与科学的深度融合，一方面大大提高了学习者学习科学的兴趣及参与程度，进而提升了学习者的学习效果，另一方面极大促进了科学与艺术的统一，实现了理性与感性的对话。艺术与科学的深度融合使人们在无限追求物质世界真理的同时，也在追求对精神世界的塑造。[①] 归结从 STEM 教育到 STEAM 教育，二者的总体教育理念与观点较为一致，但 STEAM 教育在 STEM 教育的基础上，强调培养学习者的艺术素养、人文情怀、创新思维和创造能力，注重培养学习者写作、阅读、交流和表达的能力，提倡人的全面发展。

(四)儿童 STEAM 教育

《中华人民共和国未成年人保护法》以及国际《儿童权利公约》规定，儿童是指 18 岁以下的任何人；医学界将儿童规定为 14 岁以下。本书中"儿童 STEAM 教育"的"儿童"指 6～13 周岁的小学阶段学生。儿童时期是人格、心理、思维方式等形成的起始阶段，也是身心发展的关键时期。《3—6 岁儿童学习与发展指南》(以下简称《指南》)中强调要充分认识生活和游戏对儿童成长的教育价值，严禁"拔苗助长"式的超前教育和强化训练；成人不应用一把"尺子"衡量所有儿童等先进教育理念；并提出了遵循儿童的发展规律和学习特点、关注儿童身心全面和谐发展、尊重儿童发展的个体差异三项基本原则。上述《指南》不仅适合学前儿童，而且也适合当前小学低年级学生的发展现状。所以，儿童 STEAM 教育是在儿童阶段的教育应用，是一种运用跨学科的思维方式，以培养儿童 STEAM 素养、综合能力、问题解决能力为目的，基于真实情境以游戏的方式开展教学的新型教学模式。儿童 STEAM 教育不仅有利于儿童认知水平、逻辑思维能力的提升，而且有利于促进儿童创新思维、探究能力、自主问题解决能力的培养，进而提升儿童独立生存的技能。

---

① 李刚、吕立杰：《从 STEM 教育走向 STEAM 教育：艺术(Arts)的角色分析》，载《中国电化教育》，2018(9)。

三、儿童 STEAM 教育的内涵

儿童 STEAM 教育超越了传统的学前儿童教育模式，以游戏化的教学方式激发儿童的学习兴趣，激励学生积极探究、主动获取知识，以培养未来创新型人才为导向，具有跨学科知识整合、以学习者为主体、基于真实问题情境以及注重学习过程和知识内化四项基本内涵。

（一）跨学科知识整合

在"互联网＋"、大数据、云计算等诸多新技术盛行的时代背景下，传统课堂将知识按照具体的学科体系划分的教学方式割裂了学科与学科之间的联系，在很大程度上禁锢了学习者的思维，不能满足学习者对知识的获取和需要，不利于国家培养面对未来激烈竞争的综合性人才。STEAM 教育不是科学、技术、工程、人文艺术和数学知识的简单叠加，而是主张将这五门学科以及更多领域的知识有效地整合成一个相互联系的有机整体。STEAM 教育强调运用跨学科的思维看待问题、分析问题、解决问题，强调多学科知识的整合应用。这种把多学科相融合的教育方式使学习与实际生活密切相关，满足了学习者的认知需要，而且通过提供多门学科的方法和视角，提高了学习者运用多门学科知识解决真实问题的能力，有利于解决学校课程滞后与学科发展之间的矛盾，增强学习者对社会和未来的适应性。[①] 因此，跨学科知识整合是 STEAM 教育最基本、最核心的内涵特征。

（二）以学习者为主体

随着教育理念的不断更新与转变，传统教育照本宣科的教学方式，忽视了学习者的直接体验，代替了学习者的认知过程。把知识强加给学习者，已经不能满足当今时代广大学习者的要求。学习不应该是教师灌输、学习者被动接受的过程，而是学习者主动参与和意义建构的过程。STEAM 教育是借助各种现代教育技术手段与技术工具，如多媒体技术、3D 打印机、电

---

① 秦瑾若、傅钢善：《STEM 教育：基于真实问题情景的跨学科式教育》，载《中国电化教育》，2017(4)。

路板、传感器技术等，在传统教育基础上发展起来的，特别适合个性化学习的需求，所以在 STEAM 教育中，更要突出以学习者为主体的理念。STEAM 教育主张学习者是整个学习的主人，教师只是学习者学习的辅助者、引导者和指导者，教师要保证学习者思维的独立性和主观能动性的发挥。与此同时，游戏化的教学方式往往更能吸引儿童的注意力。STEAM 教育给予学习者自主探究的空间，学习者可以独立地进行观察、体验、感知、探究、实验、验证、交流的过程，自定学习步调，自控学习过程，获得大量丰富感兴趣的信息，从而提升自主探究能力。

（三）基于真实问题情境

传统课堂过于注重课本上知识传授、缺乏情境的教学特点，不易于儿童理解和认知，割裂了学科与现实世界之间的联系。回归真实世界的学习已成为当前教育改革最为重要的一项内容，STEAM 教育就是真实世界的探究学习活动之一。[①] STEAM 教育注重学习者学习与现实生活之间的联系，强调知识来源于生活并应用于生活，主张从真实生活中的问题出发，为学习者创设不同的情境。STEAM 教育中的情境既可以是一个场景、一个故事，也可以是一个问题、一段视频等，情境最好是来源于日常生活的，与所学知识有着密切联系的、有趣的、多样化的。一个合适的情境可以增进学习者对项目的感知程度以及情感反应，激起学习者的好奇心和求知欲，使学习者不再死板地程序化解决问题，而是能够在情境中仔细地思考、主动地探索，透过现象看本质，运用多门学科的知识联系生活实际进行问题解决，最终达到对知识的意义建构和深度学习的层次。

（四）注重学习过程和知识内化

在传统课堂"唯分数论""过于注重升学率"的影响下，面对堆积如山的习题册，学习者往往为了获得一个好的成绩死记硬背，而不是认真动脑思考，体会学习的过程。父母可能仅凭一张糟糕的成绩单、一次落后的排名，

---

① 范文翔、张一春：《STEAM 教育：发展、内涵与可能路径》，载《现代教育技术》，2018（3）。

就判定孩子在学校没有好好学习，但实际情况可能并非如此，因为学习的实质在于对学习过程的体验与感悟，而不是试卷上展现出来的分数与排名。STEAM 教育颠覆了基于标准化考试的传统教育理念，更加注重学习过程，而不是学习结果。STEAM 教育强调学习者主动、积极地参与整个学习过程中，通过在真实的情境中观察、体验、操作，探究、交流、感悟等一系列学习活动，感受学习过程，内化知识。在参与和体验学习的过程中，学习者不仅获得了结果性知识，更重要的是提高了学习能力，学会从多学科、多视角、多维度来分析和解决问题，收获了蕴含在真实问题情境中的过程性知识，实现了从"学会"到"会学"的质的突破。①

第二节　儿童 STEAM 教育的理论基础

一、建构主义学习理论

在教育心理学中正发生着一场革命，人们对它叫法不一，但更多地把它称为建构主义的学习理论。建构主义是学习理论中行为主义发展到认知主义以后的进一步发展，向与客观主义更为对立的方向发展。②

建构主义的最早提出者可追溯至瑞士的皮亚杰，他是认知发展领域最有影响的一位心理学家。③皮亚杰的理论充满唯物辩证法，他坚持从内因和外因相互作用的观点来研究儿童的认知发展。他认为，儿童是在与周围环境相互作用的过程中，逐步建构起关于外部世界的知识，从而使自身认知结构得到发展。儿童的认知结构就是通过同化与顺应过程逐步建构起来的，并在"平衡—不平衡—新的平衡"的循环中不断地丰富、提高和发展，这就

---

① 秦瑾若、傅钢善：《STEM 教育：基于真实问题情景的跨学科式教育》，载《中国电化教育》，2017(4)。

② 张建伟、陈琦：《从认知主义到建构主义》，载《北京师范大学学报（社会科学版）》，1996(4)。

③ 何克抗：《建构主义　革新传统教学的理论基础》，载《中学语文教学》，2002(8)。

是皮亚杰关于建构主义的基本观点。在皮亚杰和布鲁纳早期的思想中虽然已经有了建构的思想，但相对而言，他们的认知学习观主要是解释如何使客观的知识结构通过个体与之交互作用而内化为认知结构。

20 世纪 70 年代末，以布鲁纳为首的美国教育心理学家将维果茨基的思想引入美国后，极大地推动了建构主义思想的发展。维果茨基在心理发展上强调社会文化历史的作用，他强调个体的学习是在一定的历史、社会文化背景下进行的，社会可以对个体的学习发展起到重要的支持和促进作用。[①] 维果茨基特别重视学生原有的经验与新知识之间的相互作用。他们将学习者的日常经验称为自下而上的知识，把他们在学校里学习的知识称为自上而下的知识，自下而上的知识只有与自上而下的知识相联系，才能成为自觉的、系统的知识；自上而下的知识只有与自下而上的知识相联系，才能获得成长的基础。维果茨基的"最近发展区"理论，对正确理解教育与发展的关系有极重要的意义。这些理论对建构主义有重大影响。

建构主义主要是一种有关如何学习的认识论和心理论题，在与其他学习者的合作练习中，当我们"处理、解释和协商新信息的含义"的时候，主动地、自觉地发挥我们过去的经验和理解（它可能承载知识，也可能不承载知识）的作用。[②] 学生是学习过程中的积极参与者，而不是被动地接受别人的积累。从根本上讲，建构主义关注的是理解我们的经验，即意义的形成。建构主义理论的内容很丰富，但其核心只用一句话就可以概括：以学生为中心，强调学生对知识的主动探索、主动发现和对所学知识意义的主动建构。以学生为中心，强调的是"学"，以教师为中心，强调的是"教"。这正是两种教育思想最根本的分歧点，由此发展出两种对立的学习理论、教学理论和教学设计理论。由于建构主义所要求的学习环境得到了最新信息技术成果的强有力支持，这就使建构主义理论日益与广大教师的教学实践普

[①] 温彭年、贾国英：《建构主义理论与教学改革——建构主义学习理论综述》，载《教育理论与实践》，2002(5)。

[②] Laurance J. Splitter, "Authenticity and Constructivism in Education," *Studies in Philosophy and Education*, 2009(28), pp. 135-151.

遍地结合起来，从而成为国内外学校深化教学改革的指导思想。

建构主义学习环境包含四大属性或四大要素即情境、协作、会话和意义建构。① 建构主义学习理论强调创设真实情境，把创设情境看作意义建构的必要前提和教学设计的重要内容之一。协作发生在学习过程的始终，对学习资料的收集与分析、假设的提出与验证、学习成果的评价直至意义的最终建构有重要的作用。② 会话是协作过程中不可缺少的环节，学习小组成员之间必须通过会话商讨如何完成规定的学习任务。协作学习过程也是会话过程，在此过程中，每个学习者的思维成果（智慧）为整个学习群体共享，因此会话是达到意义建构的重要手段之一。意义建构是学习的目的，它靠学生自觉、主动地去完成，教师和外界环境的作用都是帮助和促进学生的意义建构。

综上所述，建构主义"以学生为中心，强调学生意义建构"的观点与STEAM 教育"关注学生"的理念不谋而合，建构主义理论的四大要素：情境、协作、会话和意义建构分别对应着 STEAM 教育的几大主要特征：情境与 STEAM 教育强调的来自真实世界、日常生活相对应；协作、会话与STEAM 教育倡导的交流沟通、团队协作相对应；意义建构与 STEAM 教育提倡的自主探究、主动完成相对应。因此，建构主义理论的核心观点可以对 STEAM 教育的发展起到一定的支撑作用。

二、探究学习理论

美国芝加哥大学教授施瓦布在《作为探究的科学教学》（"The Teaching of Science as Inquiry"）一文中对探究学习做了阐述。他指出，科学教学方法发生变化的正式原因是科学本身已经发生了变化，有关科学探究性质的新观点为控制探究。③ 现在的研究提出这样一种观点，即控制探究的概念应被

---

① ② 何克抗：《建构主义 革新传统教学的理论基础》，载《中学语文教学》，2002(8)。

③ Joseph J. Schwab，"The Teaching of Science as Inquiry，"*Bulletin of the Atomic Scientists*，1958(9)，pp. 374-379.

视为探究的工具，实用的和建构的，而不是关于事物本质的断言。控制探究，指的是那些起始点——粒子、波、基因等。科学家通过这些起始点来定义其探究的主题，并区分他将要寻求的数据。从这一角度进行探究，新知识带来的属性与 19 世纪科学共同理想的知识有鲜明的区别。

施瓦布认为，科学教育应当立足于探究学习之上，学习科学知识的过程应是一种探究的过程，在这一过程中学生自主探索蕴含在事物中的知识，并从中获取科学的研究方法和思维观念。他主张引导学生直接用科学研究的方式进行教学，这是强调学生自主积极投身其中的学习方式。如果说布鲁纳的发现学习是从教学内容的侧面展开的话，那么，探究学习就是从教学方法的侧面展开的。[①] 它们的共同点是强调创造性学习的必要性和可能性。探究学习与发现学习的不同之处有以下五个方面。第一，探究的问题要尽量与生产、生活实际相联系，是为了解决实际情境的问题；第二，探究特别注重证据，培养学生的科学态度和科学精神；第三，探究注重的过程已不再是单纯的知识发现的思维过程或如何应用思维策略而导致最终发现的过程，还包括知识发现过程中其他因素是如何影响科学探究的；第四，并不是所有的知识都必须要进行探究；第五，它要求学生通过这样的学习不仅提高科学探究能力，而且还要达到对科学探究本身的理解。

（一）探究学习的内涵

探究学习以建构主义理论为理论基础，社会学强调探究是科学内容本身的一部分。[②] 在一门科学中，或在一门科学的某一特定领域中，存在着一种探究模式，并且这种模式构成了科学"是什么"的组成部分。如果探究学习的目的仅仅是鼓励学生好奇地问问题，并试图自己找到答案，那么我们就不再提倡优秀教师的长期实践了。

施瓦布认为，探究学习是指儿童通过自主参与获得知识的过程，掌握研究自然所必需的探究能力，同时，形成认识自然的基础——科学概念，进而

---

① 林士敏：《计算机辅助教学基础教程》，41 页，上海，浦东电子出版社，2001。

② F. James Rutherford, "The Role of Inquiry in Science Teaching," *Journal of Research in Science Teaching*, 1964(2), pp. 80-84.

培养探索未知世界的积极态度。①

美国《国家科学教育标准》中对科学探究的定义：科学家们用以研究自然界并基于此种研究获得的证据提出种种解释的不同途径。科学探究也指学生用以获取知识、领悟科学思想观念、领悟科学家们研究自然界所用的方法而进行的各种活动。② 它说明从个体感受的角度来理解，学生学习科学的探究经历类似科学家的探究经历，只有从这种角度出发，才能正确理解科学探究的定义，否则会产生该定义将学生视为科学家、科学学习等同于科学探究的错误认识。

(二)探究学习的特征

探究学习有利于唤醒学生的无知意识，促进学生思维能力的最佳发展，有利于学生理解知识之间的内在联系，有助于学生养成良好的人格品质。③探究学习的特征主要体现在问题性、能动性、开放性、实践性等方面。

1. 问题性

问题性是实施探究学习的前提。探究学习需要学生从真实的自然情境、生活情境或书本知识情境中主动发现并解决问题或研究问题。

2. 能动性

能动性是实施探究学习的关键。探究学习是学生充分发挥人的主观能动性，唤醒学生自主学习的意识和潜能，独立自主地发现问题、收集和处理信息、科学研究等的探究活动。在自主探究中，学生积极主动获得知识与技能，深刻领会并习得知识形成的过程与方法，感悟形成适宜的情感、态度和价值观的学习方式。

3. 开放性

开放性是实施探究学习的必要条件。教师只有给学生一个开放的、自由的学习时间与空间，让他们有尽可能多的机会独立思考、自主判断、勇于质疑、乐于表达，才能使学生的自主品质在探究过程中凸显出来，这才

---

① 钟启泉：《现代教学论发展》，65 页，北京，教育科学出版社，1992。
② 徐学福：《探究学习的内涵辨析》，载《教育科学》，2002(3)。
③ 徐学福、宋乃庆：《探究学习就是创新学习》，载《人民教育》，2002(12)。

是开放化的、民主化的和个性化的学习。

4. 实践性

实践性是探究学习的目的和归宿。探究学习的过程在本质上是实践的过程，需要学生有很多亲身实践的训练，调查研究是探究学习的核心或中枢。只有经过亲身实践的知识以及在实践过程中经过自己大脑深思熟虑的知识，才能刺激强烈、印象深刻，不容易忘记。因此，探究学习既重结果又重过程，根本目的就是让学生在体验感悟—意义建构—理解应用的思维过程中去发现真理，掌握规律，通过探究学习引导学生变"书中学"为"既从书中学，更从做中学"，加强书本知识同现实生活以及实践经验的联系。

由于探究学习理论强调科学教育应当立足于探究学习的基础上，教师引导学生以科学研究的方式进行自主学习，因此，探究学习理论可以在教学方法层面对 STEAM 教育提供理论支撑，为教师实施 STEAM 教育提供方法论依据。探究学习理论倡导的体验感悟—意义建构—理解应用模式，启发 STEAM 教育中的教师要为学生提供一个开放的、个性化的空间，发挥学生的主观能动性，让学生独立自主地发现问题、制订计划、实施计划进而解决问题，在实践过程中获得知识与技能，习得解决问题的方法，并获得情感、态度和价值观上的提升。

三、认知学习理论

20 世纪 50 年代发展起来的认知心理学，是以人类认知过程为主要研究对象的心理学学说，这里的认知过程包括感知、表象、记忆、注意、思维、语言等活动的理智过程。认知学习理论是当代认知心理学研究的核心内容，代表人物有布鲁纳和奥苏伯尔。他们都认为学习是认知结构的组织与重新组织，是新旧知识相互作用，是新材料在学习者头脑中获得新的意义。[①]

认知学习理论的基本观点是人的认识是外界刺激和认知主体内部心理过程相互作用的结果。学习过程就是学习者个体根据自己的需要和兴趣，

---

① 曹南燕：《认知学习理论》，12～13 页，开封，河南教育出版社，1991。

利用过去所掌握的知识和经验，对当前的诸如教学内容等外界刺激，做出主动的、有选择的信息加工的过程。①

1947 年，布鲁纳从动物行为实验研究转向研究人的感知觉、人对知识的理解和获得等。他吸取了皮亚杰的"发生认识论"等研究成果，对课程与教材的编制设计以及教学方法等问题提出了一些新的见解。布鲁纳认为，学习不在于被动地形成刺激—反应联结而在于主动形成认知结构，学习是人们对环境主动积极认知的过程，每个人的学习都以原有认知结构为基础，认知学习的过程主要是思维的过程，就是先将自己对客观事物的感觉与头脑中原有的认知结构联系起来，将进入感官的信息进行加工，经历获得新知识、改造旧知识和对自己的认识进行检验的心理活动过程，从而形成或重建新的认知结构。因此，教学一方面要考虑人已有的知识结构、教材的结构，另一方面要重视人的主动性和学习的内在动机。他认为，学习的最好动机是对所学材料的兴趣而不是奖励竞争之类的外在刺激。因此，他提倡发现学习法，以便使学生更有兴趣、更自信地主动学习。

美国纽约州立大学研究院的奥苏伯尔认为，学生主动学习不一定必须采取实际行动去发现，学生接受教师的陈述不一定就是消极被动地学习。学生可能消极被动地接受教师所传授的系统知识，只是死记硬背，并没有真正理解其意义，但也可能理解教材的意义而加以接受。奥苏伯尔主张学生在学校里的学习过程主要是接受系统的知识，而这种系统知识的接受可以是积极主动的，即通过理解其意义而接受。

奥苏伯尔的意义接受学习和他的"认知结构同化论"是分不开的。信息和思想必须先被感知，然后才被纳入认知结构并赋予意义。换句话说，意义是在既定的概念和命题下感知到的潜在意义的总和。因此，在有意义的语言学习中，感知先于认知。② 这意味着知觉过程的产物不是意义本身，而是由潜在的有意义的学习任务提供的，从对感觉输入的初步解释而来的意

---

① 赵学凯：《认知学习理论与外语电化教学实践》，载《外语电化教学》，2001(1)。

② D. P. Ausubel, "Perception Versus Cognition in Meaningful Verbal Learning," *The Journal of General Psychology*，1965(2)，pp. 185-187.

识的直接内容（视觉或听觉）。这种知觉的内容是中间的，既是暂时的，也是在过程中的，介于原始感觉和意义的出现之间。它包括构成学习任务的组成词的不同意义，以及对这些组成词之间的句法关系的一般理解，但不包括对整个信息意义的理解。每个人在其认知结构中都有一系列已形成的相关的概念，在这些概念下，新的材料可以被纳入其中，以及由此产生的每种情况的意义都包含特定的功能。意义学习是通过新知识与学习者认知结构中原有的知识发生相互作用，再不断通过知识的分化和重新整合，最后导致新旧知识意义的同化。[①] 有意义的学习会受到内部和外部条件的影响。内部条件是指学习者的认知结构中已经具备一定的知识，而且还具有积极主动地将新知识与自己认知结构中的这些适当知识加以联系的愿望。外部条件是指学习材料本身应与学习者认知结构范围内的有关概念可以建立起一定的逻辑关系。奥苏伯尔认为，人类之所以能够进行有意义的学习就是因为新知识与原有认知结构中的某些有关观念相互影响，并由于在所学习的新材料和原有的认知结构之间相互作用的结果使新旧意义产生同化作用，形成一个更进一步分化的认知结构。根据奥苏伯尔的观点，简单地记住课文或教师讲解的内容，不是有意义的学习，只有与学生的原有知识建立联系，才可能是有意义的，学习者才能有效地记住新的知识信息。[②] STEAM 教育不是单纯的学科叠加，而是跨学科、多领域知识的融合。STEAM 教育以达成更好的知识学习为根本重心，将技术无缝地融入教学中，在儿童已有知识的基础上，充分激发其学习兴趣，引导其独立思考，并利用儿童所获得的知识去发现、去探究，进而培养他们的问题解决能力，促使深度学习的发生。

四、社会文化历史理论

受马克思、恩格斯、黑格尔和斯宾诺莎著作的影响，维果茨基和他的

---

① 曹南燕：《认知学习理论》，12~13 页，开封，河南教育出版社，1991。

② P. Tul'viste, "Discussion of the Works of L. S. Vygotsky in the USA," *Soviet Psychology*, 1989(2), pp. 37-52.

同事试图用辩证逻辑来解释文化和历史在人类发展过程中的复杂作用，创造一种革命性的、整体的心理学形式。早在 1925 年年初，维果茨基就开始全面考察活动的社会历史概念及其在心理学中的应用。维果茨基把列昂季耶夫和他的追随者们努力创造出来的活动理论作为文化历史理论的基础。文化历史概念的基本原理是由维果茨基在 1928 年左右奠定的。后来，他对这些基本原理的发展做出了很大的贡献。维果茨基是早期唯一一位为大众教育寻找基础的心理学家，维果茨基开始在心理学的背景下阐述活动的社会历史概念，他写了很多关于意识的文章。社会价值作为意识基础的概念也是由他引入心理学的。对他来说，这个概念在解释儿童的发展和教育方面具有优先地位。维果茨基在对教育心理学产生兴趣之后，于 1926 年出版了一本关于教育心理学的书，他把自己越来越多的精力投入到遗传心理学中，以解释人类高级认知过程的起源。

维果茨基的目标是创建一种解释心理功能和文化行为发展过程的方法，而不是简单地描述发展的完整产品。他将实验遗传学的方法贯穿整个研究过程，将研究对象作为一个动态的展开和变化的过程，而不是静态地完成发展的过程，来引出和创造研究对象，这就解释了为什么文化历史研究跨越了解释主义和批判主义理解和改变世界的范式。

维果茨基的社会文化历史理论的基本思想是思维的发展应当从历史的观点、从人与社会环境的相互作用加以理解。人类历史上形成和发展的物质文化和精神文化，对人的思维发展起着决定作用。思维是在人与人的交往过程中形成的，在此过程中，语言是社会联系的核心系统，是社会联系和文化行为的核心机能，思维则是借助于社会文化的产物——语言符号形成的。由于语言符号是社会生活的产物，因此思维等高级心理机能也是在社会文化历史过程中产生的。思维发展的真正方向不是从个人思维向社会思维发展，而是社会思维向个人思维发展。[①]

单词作为一个文化/刺激—工具，由于其社会价值属于语言范围和思维

---

① ［俄］列夫·谢苗诺维奇·维果茨基：《思维与语言》，47 页，杭州：浙江教育出版社，1997。

领域，并且应该被表示为达到更高的心理过程的原因，应该被指出是通过在更高的功能水平上的重建而达到更高的精神过程的原因，这是人类的特权。这一过程带来了个人经验的倍增效应，可以称之为历史经验。吸收前人的经验，就是在文化层面上认识前人。从心理学角度看，人和动物之间没有连续性。正是这种经验和了解过去的能力，定义了人类和其他生物物种之间的差距，这些观点在当时的心理学中是唯一的。维果茨基提出的文化发展的一般遗传规律，即儿童在文化发展中的每一种功能都在两个层面上分别出现了两次，第一次是社会层面，第二次是心理层面；第一次是人与人之间的心理范畴，第二次是儿童内部的心理范畴。

无论是在维果茨基的一生中，还是在他去世后，在揭示这一概念的本质、阐述和规范方面，维果茨基与他的学生和追随者们都发挥了重要的作用。根据达维多夫的观点，如果没有考虑到文化历史概念在很大程度上是由维果茨基的学生和追随者们，也就是他的科学学派所阐述、阐明、扩展、修改和精炼的，就不可能理解文化历史概念的本质。

维果茨基、列昂季耶夫和整个维果茨基科学学派的文化历史理论的基本原则始终由达维多夫阐明，他的解释如下。

第一，人类发展的基础是社会状况的质变，或用列昂季耶夫的话说，是人的活动的变化。第二，人类心理发展的共性表现为学习和教养。第三，最初的活动形式是完整形式，由外部的人与社会或集体的实践构成。第四，人的心理新形态是人类活动初始形态内化的产物。第五，内化过程中的重要作用属于不同的符号和符号系统。第六，人类意识活动的一个重要组成部分是智力与情感的内在统一。

维果茨基提出的文化历史理论是对现代科学的重大贡献，体现了理论知识和实践生活之间的辩证关系。STEAM 强调"以学习者为中心"、注重学生参与问题的解决和实验探究的教育传统。STEAM 学习将知识扎根于生活，强调解决现实生活中的问题，注重知识与真实世界之间的联系。[①] 这与

---

① 朱珂、杨冰、高晗蕊等：《活动理论指导下的 STEM 学习活动模型研究》，载《现代教育技术》，2017(11)。

文化历史理论所强调的知识存在于合作的实践活动中，由合作的实践活动创造并依赖于合作的实践活动一致。

<h2 style="text-align:center">第三节　儿童 STEAM 教育的发展现状</h2>

一、国外发展现状

作为 STEM 教育的发起国、全球 STEAM 教育发展的推动者，美国意识到在儿童早期阶段开展 STEAM 教育对培养儿童 STEAM 素养、培养综合型人才具有重要作用。美国儿童 STEM 教育的蓬勃发展引起了多个国家的关注，成为多国借鉴的模板。以美国、德国、英国、澳大利亚、日本、韩国为代表的国家，在国家战略层面出台了促进 STEM 人才培养的政策措施，加大 STEM 教育的公共和私人投资力度，整合政府、大中小学、企业、科研机构、社区和家庭多方力量，共同促进 STEM 教育的发展。[①] 通过查阅 Springer 数据库，发现国外学者对 STEM 和 STEAM 教育的研究涉及多个领域，包括 STEM 教育政策法规、科学教育、高等教育、儿童教育、数学教育、教育心理学、课程内容、课程活动等多个方面。下面，笔者对以下几个国家的儿童 STEAM 教育发展情况进行分别介绍。

（一）美国

在美国，STEM 教育理念早已向儿童教育领域渗透，其中以美国加州理工学院儿童中心为领军者。苏珊·伍德——美国加州理工学院儿童中心创办者、ECSTEM(Early Child STEM)全美大会组织创办人，针对美国社会对早期教育关注匮乏的现象，早在 20 年前就开始研究学科整合（STEM 教育）与开发儿童学习兴趣之间的关系，她提倡整个社会关注儿童早期

---

① 康建朝：《世界主要国家开展 STEM 教育的背景、特征与启示》，载《中国民族教育》，2018(C1)。

STEM 教育，她设计的 ECSTEM 培训课程已为无数幼儿教育从业者提供了宝贵的教学经验。2007 年，美国国家科学基金会发布了第一份涉及 Pre-K-12 的 STEM 教育文件——《国家行动计划：应对美国 STEM 教育体系的重大需求》，旨在提高从幼儿园到大学后的 STEM 教育质量，建立国家 STEM 教育内容指南，确保 P-16 年级/P-20 年级 STEM 学习的连续性、相关性和严谨性。2010 年，《美国竞争法再授权法》提出，要允许妇女与其他弱势群体接受 STEM 教育，并提出增加妇女与其他弱势群体接受 STEM 教育的总人数。该法案的提出旨在从基础教育上实现教育公平，并对美国 STEM 教育的发展起到了十分重要的作用。马萨诸塞州非常重视学前儿童的 STEAM 教育，该州于 2013 年制定出台了《学前儿童 STEM 教育指南》，对 3～5 岁学前儿童 STEM 教育的基本理念进行了详细的说明和解读，建议教学者基于"学科导向"和"五感切入"两个视角，掌握学前儿童 STEM 教育的实施策略，为学前教育者有效开展 STEM 教育提供了重要依据和参照。2015 年，在美国幼儿教育年会上，STEAM 教育成为会议的热点话题之一，引起了多个国家的关注，并激起了一场儿童 STEAM 教育浪潮。

(二)德国

德国作为欧洲的主要经济体之一，一直以健全的工业体系和完备的职业教育体系著称，因此德国格外重视对职业教育人才以及科学技术人才的培养。但由于激烈的市场竞争，本国高质量、工程技术型人才的缺失，德国劳动力市场逐渐出现供不应求的现象，这对于以"工业大国"而闻名于世的德国非常不利。为了解决这一问题，德国尝试引进美国的 STEM 教育。由于语言的不同，德国的 STEM 教育被称为 MINT 教育。MINT 是数学(Mathematics)、信息(Information)、自然科学(Nature)以及技术(Technology)这几门学科首字母的缩写简称，强调关注本国学生在 MINT 教育相关领域的兴趣和发展，强调与终身教育相结合，成为德国本土的一种可持续发展的教育战略。德国政府将促进 MINT 教育的发展列为国家教育发展的重点目标，并在多个政府报告中出现了开展 MINT 教育的字眼。2008 年德国的《德累斯顿决议案》提出了国家教育未来发展的十大目标措施，其中第四条就是加强数学、信息、自然科学和技术等 STEM 相关专业的学习。2009 年，德国文教部长会议又颁布了《关于加强数学－自然科学－技术教育的建议》，提出了从学前教育到高等教育促进 STEM 相关专业学习的多项建议措施。此外，2009 年，德国实施 MST（Mathematics，Technology，Science and Technology）教育，其目的是改善科学在社会中的形象，在儿童的早期阶段实施科学教育，在小学和中学实施课程改革和为科学教师创造职业发展的机会。[1]

（三）英国

2004 年 7 月，英国贸工部、财政部、教育和技能部联合发布了英国《2004—2014 年科学与创新投入框架》，该文件的颁布标志着 STEM 概念首次进入英国国家政府文件。该框架内容涉及各个部门，指出要进一步加强对国家科学家、工程师以及技术专家的培养，提高高等院校和中小学校中自然科学教师的素质，确保达到国家的教师培训目标，引导中学生研究自然科学，增加 16 岁以上青年选择科学、工程和技术专业的人数，使更多高素质的学生从事研发事业，提高妇女和少数裔参加高等教育的比例。[2] 2014 年 6 月，英国皇家学会发布了《科学与数学教育愿景》报告，为英国未来 20 年的教育体系改革绘制了路线图。该报告建议：第一，将科学与数学课程作为必修课延长至学生 18 岁；第二，培养学生的 STEM 职业意识；第三，课程改革要具有持久性和稳定性；第四，教师要成为教育评价的主体；第五，提升教师地位并促进教师专业发展。除此之外，英国政府提供大量资金用于改善科学和数学教育，并提供大量的奖学金吸引成绩优秀的学生进入校园学习 STEAM 相关学科。

（四）澳大利亚

澳大利亚政府对于 STEM 教育的重视程度不逊于美国、英国等国家，其 STEM 教育可以用全方位、全领域、全民性来概括。2001 年，澳大利亚

---

①② 孙维、马永红、朱秀丽：《欧洲 STEM 教育推进政策研究及启示》，载《中国电化教育》，2018(3)。

教育部制订了一个为期五年的促进科学创新能力的计划——"提高澳大利亚人的能力——未来创新计划"，提出实施财政拨款 130 亿澳元来发展学生的科学、数学与技术能力的计划。

2004 年，澳大利亚又启动了"创新、科学、技术、数学教学推进计划"，其主要目标包括鼓励学校创新，发展世界水平的教学能力，提高学生科学、技术、数学学习的效果等。澳大利亚的 STEAM 教育的发展不仅仅得到教育部门的推行，一些其他的社会机构与组织也积极参与其中。2012 年，澳大利亚政府开始推行"守护澳大利亚的未来"项目，其中的一个课题为"STEM 教育：国际比较"，该课题指出了目前澳大利亚 STEM 教育面临的诸多挑战，为今后 STEM 教育政策的出台提供了重要基础。2015 年，澳大利亚联邦及各州和地区教育部部长在教育委员会会议上签署了《STEM 学校教育国家战略 2016—2026》，即通过国家宏观调控来促进学校的科学、数学和信息技术、艺术等 STEM 教育相关领域的教学与学习活动开展。[1] 在儿童 STEM 教育方面，2018 年 3 月 26 日，澳大利亚政府正式启动了"澳大利亚早期学习 STEM"项目试点工作，该项目通过一系列移动应用程序实施，旨在培养儿童对 STEM 的好奇心，以及培养在以后生活中有用的技能和价值观。除此之外，澳大利亚教育部还推出"幼儿 STEM 项目"，该项目的实施周期为四年，主要目标是为幼儿提供 STEM 学习的机会，为家长提供教育支持材料，以及为幼儿教育工作者提供经认可的专业发展机会。

(五)日本

1998 年，日本在中小学推行宽裕教育政策，提出大幅缩减课时数、精简教学内容、减少必修学分、降低学习内容难度等措施，力图通过创造一个宽松的学习环境来培养学生的生存能力与问题解决能力，然而宽裕教育政策并没有提高学习者的生存能力和问题解决能力，反而导致了学生学业

---

[1]　张玉娴：《追求公平和卓越——新世纪以来澳大利亚基础教育改革研究》，硕士论文，华东师范大学，2015。

水平成绩的下滑，具体表现为日本学生在 2003 年国际学习者评价项目（PISA）中数学成绩退步明显，与 2000 年的成绩相比，2003 年日本学生数学排名由第一名滑落到第六名，科学成绩排名也有所下滑。PISA 成绩大幅下滑激起了日本国内轩然大波，进而引发 PISA 危机的批评浪潮。日本将其在 PISA 上的急退和 TIMSS 推理能力中的糟糕表现归结为基础教育的薄弱，并开始关注美国的 STEM 教育，以寻求解决途径。据此，日本开始实施一场以 STEAM 教育为中心的教育改革，强调培养研究型人才，增加学习者对 STEAM 相关学科的学习兴趣和热情，在高中阶段实施 STEAM 教育。虽然日本目前仍未在政策文件中正式提出过 STEAM 一词，但政府已经认识到科技发展的核心在于改革，而通往成功改革的道路则是必须重新审查和认识现有教育体系，部分文件局部地、内隐地提出了 STEAM 教育理念。①

（六）韩国

韩国是一个十分注重教育的国家，为了增强国家科技竞争力与人才创新力，引入了整合型人才教育的概念，从中小学时期就对学生进行 STEAM 素养的教育，培养中小学生的知识整合应用能力与科技创新能力，进而为提升国家竞争力奠定青少年人才基础。2011 年，韩国教育部颁布了 STEAM 教育方案，这个方案主要内容为要在韩国实施以数学和科学为中心的、与工程技术相结合的 STEAM 课程，培养适应社会的具有 STEAM 素养的综合型人才，同时归纳出四类 STEAM 课程实施方案，为全国各地中小学开展 STEAM 课程提供了理论指导和实施依据。韩国政府通过指定和扶持整合型人才教育示范学校，带动中小学开展整合型人才教育。也是推动开展整合型人才教育的重要手段。韩国的 STEAM 教育具有如下特点：将科学与生活联系起来、关联学科的整合学习、激发学生的探究愿望，强调的是知识

---

① 杨亚平：《美国、德国与日本中小学 STEM 教育比较研究》，载《外国中小学教育》，2015(8)。

与学生之间的关联性，鼓励学生通过体验发现问题、自主操作、探索实验的过程，将理论性的科学、数学等知识与实际生活联系起来，并灵活应用到工程、技术等领域，旨在带动未来科学技术社会的变化，进而增强国家竞争力。

二、国内发展现状

受国外许多国家大力推行 STEAM 教育的影响，近年来，我国越来越多的教育研究者也将研究视野转向 STEAM 教育。2007 年，一篇关于 STEM 教育的文章——《全球化时代美国教育的 STEM 战略》，拉开了我国学者研究 STEM 教育的序幕。该文章从 STEM 的相关法案、相关教育政策入手剖析了美国实施 STEM 教育的原因，最终将其归因为美国的哲学传统——实用主义和强烈的危机意识。自此之后，在十几年的时间里，我国研究者在国内各大期刊中发表了不少文章，从多角度、多层面对 STEM 教育展开了研究。十几年间，STEM 教育的内涵也在不断演变，从最开始的 STEM 发展到现在的"STEM+""STEAM""STEAMx"等。

通过对知网上的文献进行查阅与梳理，总结出我国 STEM 教育的研究热点：国外 STEM 教育状况研究、与创客教育关系探讨、跨学科视角下的我国科学教育、STEM 教育学科整合与应用以及 STEM 素养的内涵解析五大方面。[①] 其中，国外 STEM 教育状况研究主要包括：美国 STEM 教育方针、政策解读、美国 K12 教育、大学本科、教育研究等；与创客教育关系探讨主要包括：STEM 教育、STEAM 教育与创客教育比较研究；跨学科视角下的我国科学教育主要指在跨学科理念的指导下，我国 STEAM 教育的本土化研究，STEAM 教育与科技馆、博物馆资源相结合等；STEM 教育学科整合与应用强调跨学科知识整合以及基于跨学科思想设计中小学 STEAM 课程；STEM 素养的内涵解析涵盖了 STEM 素养解析、如何培养学生的

---

① 刘丽、李兴保：《近十年我国 STEM 教育研究热点与趋势分析》，载《中国教育信息化》，2018(9)。

STEAM 素养等。

目前国内在有关 STEAM 教育的著作方面，大部分仍处于翻译、借鉴的阶段，尚无经研究得出的具有指导意义的理论认识。我国第一本有关 STEAM 教育的著作是《STEM 项目学生研究手册》，是中国科协青少年科技中心于 2013 年翻译并出版的，自此，打开了我国对 STEAM 教育研究的大门。2015 年，华东师范大学课程与教学研究所赵中建团队策划出版了"中小学 STEM 教育丛书"。丛书包括翻译著作：《设计·制作·游戏：培养下一代 STEM 创新者》《基于项目的 STEM 学习　一种整合科学、技术、工程和数学的学习方式》，以及《美国 STEM 教育政策进展》一系列著作的翻译，让我们对美国、英国等发达国家的 STEM 教育的理论研究和实践情况，有了较为全面的、清晰的认识。由南京师范大学张俊翻译美国辛辛那提大学穆莫教授编写的《早期 STEM 教学　科学、技术、工程与数学的整合活动》，阐述了早期教学的重要性，以及早期 STEM 教学四种重要的教学实践方式，并根据课程发生场景提供了有关儿童 STEAM 课程的多个方案，对于我国儿童 STEAM 教育课程的开发具有积极的借鉴意义。近年来，有关 STEAM 教育的丛书越来越多，这些著作的发表都为我国儿童 STEAM 教育的发展提供了理论依据和实践途径。

在 STEAM 教育平台的建设上，上海市最早成立了史坦默国际科学教育研究中心（简称"STEM＋研究中心"）和上海 STEM 云中心。STEM＋研究中心由上海市民政局批准成立，以社会智库的身份承担上海市教育综合改革试点项目和长周期实证教育研究项目基地任务，包括开展 STEM 教育的政策、理论、实践、课题项目研究等专项工作，以及通过开设 STEM＋项目/课程，发展自愿参与的实验学校从而培养 STEM 教师。上海 STEM 云中心是由上海市教育局委员会成立的一家 STEAM 教育专家智慧集中库，依托华东师范大学及科技企业的丰富资源，通过社会化合作共同打造 STEAM 教育优质平台。① 此外，江苏 STEM 教育协同创新研究中心、中国

---

① 王素：《〈2017 年中国 STEM 教育白皮书〉解读》，载《现代教育》，2017(14)。

教育科学研究院 STEM 教育研究中心也纷纷成立，多所国内外知名院校以及企业也为北京及全国各地的中小学校提供 STEAM 教育云平台、STEAM 课程研发、项目学习活动、综合素质测评系统、学习空间设计和 STEAM 教师专业发展等一系列 STEAM 教育资源与服务支持。①

近年来，我国举办了多届 STEAM 教育论坛与学术交流研讨会。2013 年，温州举行了第一届中小学 STEAM 教育创新论坛，后来，常州、上海等城市也相继举办了 STEAM 教育论坛。2015 年 9 月，教育部印发《中华人民共和国国民经济和社会发展第十三个五年规划纲要》，指出要积极探索 STEM 教育，将 STEM 教育正式列入教育部文件中；2016 年，北京师范大学举办了 STEM＋创新教育学术交流研讨会，后来又举行了第四届科学、技术、工程、数学教育应用国际会议。2017 年 6 月，第一届中国 STEM 教育发展大会在成都电子科技大学举行。大会上，数十位来自 STEM 教育领域领导与专家发表了精彩的主题演讲。此次大会启动了"中国 STEM 教育 2029 创新行动计划"，并发布了《2017 中国 STEM 教育白皮书》，旨在推进中国 STEM 教育的发展。2018 年 6 月第二届中国 STEM 教育发展大会在深圳福田举行，相比第一届会议，此次大会规模盛大，参会人数较多，来自五湖四海的学者相聚一堂共同探讨 STEAM 教育。

相对于美国、英国、澳大利亚等发达国家来说，中国的 STEAM 教育起步较晚，发展基础比较薄弱，传统的教育理念和传授教学模式根深蒂固，面临着众多的问题和挑战，尽管如此，STEAM 教育的发展速度仍然令人震惊。近年来，中国的 STEAM 教育不仅在理论研究上有所突破，而且还具有了初步的实践成果。国家已明确把 STEAM 教育纳入国家战略发展政策中，其重要程度日益彰显。目前，全国各地正在积极探索 STEAM 教育的推进方式和实施方式，江苏一些城市及深圳出台了关于 STEAM 教育政策，提出在中小学开展 STEAM 教育项目或开设 STEAM 课程。STEAM 教育

---

① 郑葳：《中国 STEAM 教育发展报告》，89 页，北京，科学出版社，2017。

机构和组织的不断涌现也为 STEAM 教育的实施提供可能途径。越来越多的学者逐渐意识到在儿童早期阶段开展 STEAM 教育的重要性。基于问题的教学方法、基于项目的教学方法、基于真实环境的教学方法等 STEM 教育常用的教学方法在一些学校开始实践与推广。一些比较优秀的高中和高校相结合，落地了一批 STEM 主题实验室。① 大量 STEAM 学术论坛、学术会议的举办也为我国学者提供了交流、讨论的平台。综上所述，我们可以看出，STEAM 教育在中国的发展具有大好的局势，我们有理由相信 STEAM 教育将成为中国教育的主流之势，将会被更多人熟知，其先进的教育理念将惠及中国的每一位学生。

第四节　儿童 STEAM 教育的特征

一、跨学科性

传统教育将课程按具体学科划分，不可否认，这种分科式的教学方式有利于知识组织的条理化、逻辑化和系统化，便于学生吸收掌握。然而，高度分化的课程体系导致了学科间的彼此孤立、相互分离，缺乏相互协调与横向联系，这不仅不利于学生对知识体系从部分到整体的理解和把握，更是割裂了教育和真实世界的有机联系。② 学生通过分学科的学习获取相关的知识与技能，会出现用多样甚至相互矛盾的观点来思考问题的现象。③ STEAM 教育包括知识、技能和信念，这些知识、技能和信念是由多个 STEAM 学科领域的交集共同构建的。所以灵活运用科学、技术、工程、人

① 王素：《〈2017 年中国 STEM 教育白皮书〉解读》，载《现代教育》，2017(14)。

② 秦瑾若、傅钢善：《STEM 教育：基于真实问题情景的跨学科式教育》，载《中国电化教育》，2017(4)。

③ 彭敏、朱德全：《STEAM 有效教学的关键特征与实施路径——基于美国 STEAM 教师的视角》，载《远程教育杂志》，2018(2)。

文科学和数学学科知识，以完整的、系统的视角来认识世界、认识社会尤
为重要。

　　跨学科性是 STEAM 教育最重要的核心特征，跨学科意味着教育工作
者在 STEAM 教育中，不再将重点放在某个特定学科或者过于关注学科界
限，而是将重心放在特定问题上，强调利用科学、技术、工程或数学等学
科相互关联的知识解决问题，实现跨越学科界限、从多学科知识综合应用
的角度提高学生解决实际问题的能力的教育目标。[①] 跨学科的 STEAM 教育
将多个学科聚集在一个共同的主题下。这并非意味着学生必须运用 STEAM
教育的所有学科知识去解决问题。相反，当某些学科知识"强行"进入问题解
决过程中时，学生可能会偏离解决问题的最佳方案。跨学科 STEAM 教育可
以从一个学科的角度去观察另一个学科。例如，在艺术家的玻璃工作室，
旨在用熔化的玻璃教授学生有关火山的科学知识。这是一个科学和人文科
学融合的 STEAM 活动例子。教授或学生助理向整个小组做 PPT 演示，用
照片和嵌入的视频演示在玻璃工作室模拟火山的特征。随后分为两组，一
半在火炬车间，另一半在炉店。火炬车间演习的目的是通过生产来学习下
落的火山弹的力学和形式，在简短的安全介绍之后，教师解释并演示如何
加热玻璃棒的末端，使之足够熔化，让学生亲身体验玻璃的熔化。

　　学生走在每个火炉前，体验高温和橙黄色的熔融物质，利用纸房子和
木块在一张钢桌上建造一个"小镇"。玻璃艺术家用铲子从熔炉中取出大约
0.5L 的熔融玻璃，将其倒在"城镇"内的桌子上，使其慢慢变成直径约 25cm
的圆形薄饼。即使没有直接接触到玻璃流，许多"房屋"和木块也会着火，
学生更近距离地观看玻璃流在桌子上，"城镇"在火焰中，附近的许多"房
屋"被熏黑，但没有着火（详见图 1-1）。

---

　　① 余胜泉、胡翔：《STEM 教育理念与跨学科整合模式》，载《开放教育研究》，
2015(4)。

图 1-1 使用熔炉车间的熔融玻璃模拟熔岩流

玻璃艺术家将熔融的玻璃拉伸成令人惊讶的细长条，硬化成玻璃棒。学生们建造的"小镇"里的玻璃开始冷却和收缩。这部分集成的 STEAM 课程结合了玻璃制造和地球科学，创造了一种科学、技术、工程、艺术和数学教育的体验。使用玻璃艺术工作室模拟火山过程的物理模型，极大地提高了学生的热情。

跨学科对于解决现代全球图景中的复杂问题是必要的，STEAM 应该创建一个跨学科的空间，不能被任何传统意义上的离散学科歪曲。[①] 例如，当学生不把他们正在学习的东西归类为科学、技术或人文科学时，这样的空间就被打开了。相反，学生认为他们的工作是通过参与所有这些学科和超越这些学科而创造的，这样他们就可以把他们的工作应用到其他环境中解决问题。教师可以创造自己的跨学科空间，通过设计涉及多个学科的作业来教授 STEAM 课程，从而培养学生在多个学科之间转移学习的能力。学生的参与、反思和解释项目含义的能力，以及将他们的知识和技能应用到新领域的能力，是确定课程跨学科性的方法。跨学科空间的学习体验使学生能够将他们的工作与现实世界的环境联系起来，从而证明他们的学习在超越课堂成就方面是有用的。因此，STEAM 为当代问题提供了创新的解决方案，STEAM 的跨学科性有潜力解决当代社会问题。

---

① C. Liao, "From Interdisciplinary to Transdisciplinary: An Arts-Integrated Approach to STEAM Education," *Art Education*, 2016(6), pp. 44-49.

二、趣味性

个人对学科的兴趣对于选择学科至关重要。教师的教学方法和教学质量是学生参与学校课程并取得成功的主要决定因素。学生对学科缺乏兴趣是导致选修相关课程人数下降的主要原因之一。课程越具有趣味性，学生对课程的认知就越积极，对课程也就越感兴趣。人文科学提高了认知技能，如空间推理、抽象思维、发散思维、创造性自我效能感、对经验的开放性和好奇心。[1] STEAM 教育把多学科知识融于有趣、具有挑战性、与学生生活相关的问题中，问题和活动的设计要能激发学习者的内在学习动机，问题的解决要使学生有成就感，可以提高学生的创造力、批判性思维、创新、合作和人际沟通技巧。[2] 研究表明，STEAM 综合教学法是一种有效的教学策略，能够对学生的学习产生积极的影响，尤其是在提供学生成就和提高学生的学习兴趣方面。

STEAM 教育能够将应用技巧和艺术设计有机结合在一起，提高学生对技术和美观的双重重视，培养学生对产品的工业化生产意识。编故事、情境设置等方法，可以极大地活跃课堂氛围，增加学生学习的积极性，提高学生动手实践能力，进而激发他们发现问题、解决问题的能力。拓宽和延展跨学科教学的广度和深度，可大大提高学生的资源整合能力。STEAM 教育将从多个角度培养学生的能力，以促进学生左右脑的均衡发展，使其成为高智商、高情商的人才。

STEAM 教育的使命就是让教学回归真实生活，在做中学，在玩中体验，解放学生的天性。通过把学生身边的实际问题转化为充满趣味的学习项目，使学生在完成趣味项目的同时掌握知识。[3]

---

[1] E. Perignat & J. Katz-Buonincontro, "STEAM in Practice and Research: An Integrative Literature Review," *Thinking Skills & Creativity*, 2019(10), pp. 31-43.

[2] 余胜泉、胡翔：《STEM 教育理念与跨学科整合模式》，载《开放教育研究》，2015(4)。

[3] 秦瑾若、傅钢善：《STEM 教育：基于真实问题情景的跨学科式教育》，载《中国电化教育》，2017(4)。

趣味性主要体现在以下两个方面。

(一)教学内容的趣味性

教学内容是整个教学体系的核心要素,STEAM 教育的内容设计既要包含学生需要掌握的知识点,又要基于真实的问题情境,吸引学生注意,激发学生的学习动机,增加学习的趣味性。一方面,教师可以把知识内容转化为真实生活中一个个有趣的问题,把学科知识和实际生活联系起来,组织学生思考和实践;另一方面,教师可以把具体内容游戏化,为学生设计一些小游戏,如闯关类、角色扮演类、猜谜类等,进一步激发学生的学习兴趣。

(二)教学活动的趣味性

传统的教学方式重视静态知识的传授,学习大多处于固定的教室中,学习内容基本以课本知识为主,学生处于被动的接受状态,教学活动枯燥单一。在 STEAM 教育模式下,教学活动被注入全新的血液,可以采用包括趣味程序设计、实地调研、外出郊游、组装拼接、闯关游戏、小组竞赛等丰富且有趣味性的教学活动。学生参与趣味的教学活动,在快乐中学习,体验问题解决的成就感和愉悦感。例如,儿童的积木搭建活动,不仅能丰富他们的主观体验,提高动手能力和建构技能,还能使他们学会分享与合作、开拓与创新,实现合作交往能力的提高,促进儿童个性的全面发展。

STEAM 教育强调分享和创造,让学生体验和获得分享中的快乐感与创造中的成就感。增强现实环境中的牛顿第一定律、第二定律、单摆以及蚂蚁行走等仿真教学设计案例,在增强现实的环境中,学生放弃了鼠标与键盘,与真实环境中的操作体验一致。这种虚实结合,让学生体验到一种新颖、有趣而又不会产生隔膜感的学习方式。[①] 沉浸在虚拟现实的世界中,会增强虚实结合,将虚拟的物体与真实世界进行叠加,学生不仅可以感受虚拟的世界,还可以感受真实的环境,增加学习的趣味性。通过虚实结合、

---

① 丁杰、蔡苏、江丰光等:《科学、技术、工程与数学教育创新与跨学科研究——第二届 STEM 国际教育大会述评》,载《开放教育研究》,2013(2)。

即时交互增加技术的实际运用，教师也可以实现体验性的教学，有效展示教学结果，促进教学交互。①

三、体验性

在学习者将他们之前的知识与新的经验和技能联系起来的时候，有意义的学习也就发生了。通过将学科知识与个人和现实世界的经验联系起来，课程整合使学生获得更有意义的学习体验。学习的实质是对过程的体验、思考和感悟，而非体现在试卷上的学习结果。STEAM 教育重视学习过程，强调学生主动地、积极地参与学习过程，使学生通过观察与实际操作来获得真实的学习体验，在学习体验中探究、反思与提高，实现理论知识与实践技能的有效衔接，促进知识的深层次建构。②

STEAM 教育不仅主张通过自学或教师讲授习得抽象知识，更强调学生动手、动脑，参与学习过程。STEAM 教育提供了学生动手做的学习体验，学生应用所学的数学和科学知识应对现实世界的问题，创造、设计、建构、发现、合作并解决问题。因此，STEAM 教育具有体验性特征，学生在参与、体验获得知识的过程中，不仅获得了结果性知识，而且还习得了蕴含在项目问题解决过程中的过程性知识。③ 这种在参与、体验中习得知识的方式对学生今后的工作和生活的长远发展会产生深刻影响。

马来西亚国立大学开展了一项试点项目，该项目是一个以 13～15 岁中学生为对象来学习教育学的项目。它使用工程设计过程作为桥梁，将STEM 学科连接在一起，用了四个不同的模块，即能源模块、城市基础设施模块、交通模块和无线通信模块。这些模块的课程包括来自地球科学、物理科学和生命科学的各种 STEM 活动，日常主题与这三个内容领域重叠。每个模块由不同的基于项目的活动组成，涉及 STEM 知识和教学技能的集

---

① 姜涛、李夏：《增强现实学习环境的架构与实践》，载《科技经济导刊》，2017(17)。
② 秦瑾若、傅钢善：《STEM 教育：基于真实问题情景的跨学科式教育》，载《中国电化教育》，2017(4)。
③ 余胜泉、胡翔：《STEM 教育理念与跨学科整合模式》，载《开放教育研究》，2015 (4)。

成，这些知识和技能需要解决实际问题。该项目旨在激发学生对 STEM 的兴趣，为中学生提供有趣的、真实的动手学习体验。STEM 整合使学生参与到真实的实践活动中，这对学生产生了积极的影响。[①]

　　台湾师范大学的赖恩莹等以模组教具教学帮助中学学生建立工程概念，以乐高为模组教具，如图 1-2 所示。从具体经验出发，加深学生的印象，进而转化成抽象的工程概念。机械兽设计与制作——以乐高为模组教具的教学单元，旨在培养学生了解有关齿轮、连杆、扭力、力矩等相关工程概念及其原理。乐高积木具有随时拆装、调整、重建的特性，学生通过乐高积木测试连杆长短如何影响机械兽的行走速度，蜗杆与蜗轮的齿轮比值什么情况下才能达到最好的效果等相关原理，如图 1-3 所示。学生通过亲自体验，可以了解工程概念，还在工程设计体验中感受这些知识的重要作用，将抽象的知识与实际生活联系起来，很好地体现了 STEAM 教育的体验性特征。[②]

　　STEAM 教育通过为学生提供多种真实情境和先进工具，加强了学生的学习体验。学生应用科学、技术、工程和数学等多门学科知识，协作和探究式地解决现实问题。[③]

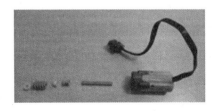

图 1-2　蜗杆与马达连接

---

　　①　M. S. Edy Hafizan, H. Lilia, R. Mohamad Sattar, et al., "Students' interest towards STEM: a longitudinal study," *Research in Science & Technological Education*, 2019(1), pp. 71-89.

　　②　Enying Lai, Yushan Zhang, Jianhua Wang, "Developing students' engineering concepts with learning module aids," 2nd International STEM in Education Conference, 2012(56), pp. 312-317.

　　③　杨晓哲、任友群：《数字化时代的 STEM 教育与创客教育》，载《开放教育研究》，2015(5)。

图 1-3　蜗杆与齿轮的连接

STEAM 教育可以在 K16 教育中取得成功，从而使各级学生具备必要的技能，增强了学生的社会竞争力。在体验学习的过程中，学生不仅获得了结果性知识，更重要的是提高了学习能力，学会从多学科、多视角、多维度来分析和解决问题，习得蕴含在真实问题情境中的过程性知识，实现了从"学会"到"会学"的质的飞跃。[①]

四、情境性

教师的教学设计脱离了学生的真实生活，将学生的学习与生活割裂、脱离真实情境，容易让学生陷入程式化的知识获取，无法激发学生的学习主动性，也无法点燃学生的好奇心和探索欲。不仅如此，学生也较难将知识迁移到解决实际问题中去。好的思维培养不是建立在真空中，而是通过在真实情境中解决真实世界中的问题来进行培养的。研究表明，学生沉浸在真实情境的问题中时，学得最好，学生解决真实问题时，教与学才能得到最好的发展。

情境是 STEAM 教育的重要组成部分，学习受具体情境的影响，情境不同，学习也不同。[②] 只有当学习与知识所处的真实情境相结合时，有意义的学习才可能发生。STEAM 教育具有情境性特征，它不是教授学生孤立的、抽象的学科知识，而是强调把知识还原于丰富的生活中，结合生活中

---

① Rodger W. Bybee, "EDITORIAL：What Is STEM Education," *Science*，2010 (5995)，p. 996.

② 余胜泉、胡翔：《STEM 教育理念与跨学科整合模式》，载《开放教育研究》，2015(4)。

有趣的、有挑战性的问题，通过学生解决问题完成教学。

STEAM 教育强调知识是学习者通过学习环境互动建构的产物，而非来自外部的灌输。有团队为美国高中学生设计了一个夏令营项目，该项目包括电气、环境、机械、土木和化学工程领域，是动手能力强，以竞争为导向的项目。夏令营的目的是鼓励参与者学习 STEAM 课程，并鼓励他们在高等教育中继续学习工程学。在为期一周的夏令营项目中，30 名学生参与了与现实问题相关的项目，如空气污染、纳米颗粒和海水淡化。研究结果表明，学生在获得实际经验的同时，对工程学产生了积极的情感。乐高头脑风暴 NXT 机器人工具包是为美国中学生设计的一个让学生参与其中的项目。该项目包括课程和竞赛活动，在此期间，学生面临各种设计挑战。学生分成四到五人一组，用乐高积木做实验，编程为给定的挑战寻找解决方案。研究结果表明，该项目为学生参与 STEAM 活动提供了平台，并帮助他们培养对 STEAM 职业的兴趣。①

教师在设计 STEAM 教育项目时，项目的问题一方面要基于真实的生活情境，另一方面又要蕴含所要教的结构化知识。这样，学生在解决问题的过程中，不仅能获得知识，而且还能理解知识的社会性、情境性及提高迁移运用的能力。情境性问题的解决，可以让学生体验真实的生活，获得社会性成长。

五、合作性

STEAM 教育具有合作性的特点。团队合作能力的培养对儿童团队精神的培养与个人的未来发展尤为重要。适当的团队合作任务可以培养学习者的团队协作意识、积极主动性以及集体荣誉意识，每位学习者在团队里扮演不同的角色，负责不同的劳动分工，既是团队的成员，又是独立的个体，要在自己任务完成的情况下，想办法帮助整个团队取得成功。同时，学习

---

① M. Yilmaz, J. Ren, S. Custer, et al., "Hands-on summer camp to attract K-12 students to engineering fields,"*IEEE Transactions on Education*, 2010(1), pp. 144-151.

者在合作学习中发挥各自的作用，互帮互助，增进团队之间的情感交流与人际关系，从而达到共同发展、共同进步。

但由于儿童年龄较小，个体肌肉群发育尚未完全，具备的基础知识比较薄弱，直接经验较少，缺乏对材料、工具的使用能力。在 STEAM 教育的课堂上，儿童对一些较复杂的动作过程、操作过程往往感到力不从心，无法仅凭自己的力量单独完成活动或任务。例如，在动手连接"纸杯小台灯"导线的过程中，儿童一方面需要把连接好的红线固定住以防红线脱落影响实验效果，另一方面需同时固定住黑线以完成整个电路的连接。这个时候，儿童无法单凭自己的双手同时固定红线并连接黑线，需要在他人的帮助下共同完成，协助者既可以是教师、助教，也可以是小组同学。为了更好地培养学生的团队协作意识，可以设计小组合作的劳动分工，两名学生组成一个小组，其中一名学生负责将红线连接正电极并固定住，另一名学生负责将黑线连接负电极并固定住，两名学生共同完成导线的连接任务。同时，由于导线较细，学生可能凭借自己与同伴的努力无法完成导线的缠绕，此时教师与助教可以给予适当的帮助与指导。

STEAM 教育中的情境与问题往往是真实的，同时现实生活中问题的解决离不开家人、朋友、同学以及教师的帮助。在解决问题的过程中，学生需要与他人进行交流和沟通，讨论解决问题的最佳方法。STEAM 教育的合作性可以将传统课堂上师生之间的单向交流转变成为师生、生生之间的多向交流，这样不仅有利于学习者学习活动的完成，而且还可以为师生、生生之间提供交流和讨论的空间，提高了 STEAM 课堂的教学效率与学习效率。STEAM 教育强调在小组合作的过程中，师生、生生之间相互帮助、相互启发，进行群体性知识建构。

在合作学习的过程中，需要注意的是，教师、助教不应该完全替代学生解决问题、完成任务，而应该在教学过程中对学习者加以适当的启发、引导和协助，要给予学习者独立思考与自主探索的空间，注意学习者积极性、主动性的发挥。同时，教师在进行分组时，应该充分考虑小组中每位成员的风格、学习特征、个人能力等因素。在小组合作过程中，儿童年龄较小，分工意识不够明确，教师要为儿童提供较为清晰、简单明了的任务指令，让儿童按照指令以小组为单位，共同收集信息、处理信息、检验假设，合作完成任务。需要指出的是，在小组合作学习最后的评价环节，教育者要以整个团队中小组成员的分工、协作、完成情况为参考依据，而不是根据个人的表现进行独立评价。

六、设计性

设计是指按照任务的目的和要求，通过合理的规划、周密的计划、策划等形式将人类头脑中的想法与理念表达出来并加以实现的过程。整个人类社会的生产、生活活动都离不开设计。如果想要策划一个即将实施的项目，首先应该根据项目的任务要求进行初步预设与构思，进而制订详细的项目计划与安排，在此基础上实施项目方案，检验项目成果，最终进行成品的优化与调整。总而言之，设计就是一个设想、计划、实施、检验、完善的操作过程。设计的种类繁多，在很多领域都有应用，涉及的方面也比较广泛，如商业设计、游戏设计、工业设计以及教学设计等。

STEAM 教育以具体的项目或问题为中心，围绕具体的教学任务制定教学目标，并以此为基础实现有效的跨学科整合。换言之，STEAM 教育是针对某一具体的项目或者问题而开展的一系列教学活动，主要包括工具与资源设计、学习活动过程设计、支架设计以及评价设计四方面的内容。[①] 在 STEAM 教育领域中，设计的过程也相当于问题解决的过程，设计方案从无到有，也就意味着解决问题的方法已经找到。例如，教师指定一个运用黏土、塑料花草等工具制作插花瓶的任务，学生奇思妙想，天马行空，先在纸上画出想要设计的插花瓶的形状与图案，再根据以上设计方案，运用多种材料设计自己的插花瓶，最后对插花瓶进行装饰美化。在设计插花瓶的过程中，学生需要考虑黏土的颜色，不同花朵色彩的搭配等多种因素，在完成设计的同时也完成了插花瓶的制作。

---

① 范文翔、张一春：《STEAM 教育：发展、内涵与可能路径》，载《现代教育技术》，2018(3)。

STEAM 教育强调学习者要有目标、有计划地进行技术性的创作设计与创意结论，也可以设计出一个项目或产品，前者旨在提高学习者的科学探究能力，后者旨在通过设计的过程，将理论付诸实践，使学习者在"做"的过程中习得相应的知识与技能，提升学习者跨学科知识整合以及知识迁移应用的能力。与此同时，假如学习者设计出美观、实用、具有创意的作品，他们便会获得较强的成就感与荣誉感，对于激发学习者的学习动机和学习好奇心具有重要作用。因此，设计是 STEAM 教育取得成功的关键的因素。美国学者莫里森认为，设计是认知建构的过程，也是学习产生的条件。学习者通过自主设计的过程，可以更好地理解知识，获得技能，提升 STEAM 素养，运用跨学科知识解决现实生活中的问题。①

七、人文艺术性

早期的 STEM 教育理念偏向于培养学习者理工学科思维与跨学科知识整合的能力，却忽略了对学习者人文性、艺术性以及创造性的关注。美国学者格雷特·亚克门在 STEM 理念的基础上，提出了 STEAM 教育理念，倡导在 STEM 中加入"Arts"学科，强调人文艺术在教育中具有不可或缺的作用。其中，"A"不仅仅指美术、音乐等艺术相关学科，还包括美学、表演、语言、人文、形体、社会研究等人文艺术学科，代表的是 STEAM 教育的艺术属性与人文属性。将人文艺术加入 STEM 教育中，是对原有四类学科的良好补充，可以使学习者从多个角度认识不同学科之间的联系，其中科学是关于事物概念和原理的阐释，可以帮助人们认识世界；技术是关于如何做的方法与技巧，技术改造世界；工程是科学、数学的应用；人文艺术可以帮助人们以多样化的方式丰富世界；数学可以为人们发展与应用科学、工程、艺术和技术提供思维方法与分析工具。

STEAM 教育的人文艺术性强调在自然科学、数学等学科教学中增加学习者对人文学科和社会科学领域的关注与重视，在 STEAM 教学活动的设

---

① J. Morrison，&V. Raymond，"STEM as a curriculum,"*Education Week*，2009
(23)，p. 2.

计过程中，教师可以在教学中增加科学、工程等学科的发展历史或相关内容，从而激发学习者的学习兴趣、促进学习者理解与应用不同学科的知识、培养学习者的核心素养；也可以通过展示诗歌、音乐、艺术作品等方式，培养学习者的联想能力、想象能力、创造思维以及艺术素养；也可以在评价学习者设计的作品与成果时，加入审美维度的评价，提高学习者作品的艺术性。

例如，在"纸杯小台灯"的课堂上，教师在课程导入环节提出问题——什么是凿壁偷光，从而引发学习者思考。接下来通过幻灯片演示播放《凿壁偷光》动画视频，学习者通过观看《凿壁偷光》的动画片，集中注意力，萌发学习兴趣，在观看的过程中感受照明的重要性以及匡衡勤奋刻苦的美好品格。在"小小食物链"的课堂上，教师在课程导入环节播放轻音乐，创设情境：假设大家处在一片大草原上。让学习者闭眼想象草原上有什么动物，从而培养学习者的联想能力，为接下来的学习做铺垫（详见图1-4、图1-5）。

图 1-4　儿童观看《凿壁偷光》动画片　　图 1-5　儿童闭眼想象自己在大草原上

STEAM 教育涉及多个学科、多个领域，重视培养学习者的创新思维和创造能力，不仅可以提升学习者跨学科知识整合与应用的能力，而且还能培养学习者解决现实问题所需的灵活性和适应性，使他们具备跨文化交流的能力。STEAM 教育可以让学习者远离碎片化的知识和死记硬背的过程，引导学习者联系不同学科之间的知识，不断提升学习者的逻辑思维能力、问题解决能力、创新能力、合作能力，以及自我实现的激励能力。因此，STEAM 教育有利于培养具有创造和革新精神的全面发展的人，支持他们成为未来发明家和创造者。①

八、科学性

科学性也称实证性，是指概念、原理、定义等内容的阐述要清晰、准确，遵循一定的科学理论与学科准则，能够正确反映事物的本质和内在规律，并且符合客观实际。科学性是科学学科区别于其他学科的重要特征，也是科学教育中学习者需要准确理解和掌握的重要方面。在整个 STEAM 课堂教学中，要体现科学性的特点。首先，教育者选择的教学内容要以科学思想为指导，以事实为依据，传递的知识点应该是准确无误、合乎逻辑准则的，要具有扎实的理论基础与丰富的实践经验。其次，学习者进行的一切学习活动都要严格遵守一定的科学准则，以相关理论为指导依据，立足于生活实际。需要注意一个问题：一些传统的观念和常识并不一定是科学的、准确无误的，需要通过实践去探索、检验、证明。因此，学习者在学习的过程中不要盲目地接受与顺从，而是要运用批判性的眼光看待事物，敢于质疑，并能够运用科学原理通过实例去探究与检验。例如，教师布置探究葡萄干在不同液体中运动状态的任务，学习者首先将葡萄干放到水、橙汁、葡萄汁以及冰红茶里，发现葡萄干在以上四种液体中均沉底不动，便认为葡萄干在某种碳酸饮料里也不会发生运动，但在进一步实验时才发现葡萄干在此种碳酸饮料里呈现"上蹿下跳"的状态，在教师的指导下，学习者结合在日常生活中喝汽水打嗝的现象，从而得出碳酸饮料中有"气"的结论，再根据以上结论假设葡萄干在另一种碳酸饮料里发生运动，并做试验验证猜想，从而达到了知识的迁移与应用。

在整个教学过程中，教师要注意引导学习者在科学探究的过程中以及现实生活中，不要光凭经验与假设盖棺定论，而是要用实验验证猜想、用科学事实说明问题。

STEAM 教育具有科学性的特点。STEAM 教育强调基于科学思想与客

---

① 　赵慧臣、陆晓婷：《开展 STEAM 教育，提高学生创新能力——访美国 STEAM 教育知名学者格雷特·亚克门教授》，载《开放教育研究》，2016(5)。

观事实，合乎一定的逻辑准则，引导学习者按照科学原则与学科理论发现问题、提出假设、收集证据、实证探究、验证假设；学习者在设计作品的过程中，不应该仅仅凭借天马行空、漫无目的的想象进行艺术创作，而要遵循科学、数学、工程设计等学科的一般规律，在严谨、正确的理论基础上进行设计与创作。总之，STEAM 教育不仅仅注重科学的实证性，还强调在跨学科的情境中通过对问题或项目的探索，培养学习者敢于质疑、实事求是、批判性的科学精神和科学理性。

九、技术增强性

技术是指人类为了满足自身生产和生活的需要，遵循一定的自然规律与法则，在长期利用自然、改造自然的过程中，积累起来的知识、经验与技巧，是解决问题的方法及方法原理。技术改变世界，技术是人类适应生存与发展的必备素养，对于减轻工作复杂程度、提升工作效率具有重要作用，社会发展离不开技术的发明与使用。技术的种类多样，从原始的农业技术到手工制造技术，再到后来的工业技术（机械加工、生产技术等），直到当今互联网时代盛行的科学技术（人工智能技术、虚拟现实技术等）。技术总在不断精进，因此，在充满激烈竞争的 21 世纪，对于中小学生来说，培养使用技术、运用技术的能力变得尤为重要。与传统课堂不同的是教育者设计教学活动不仅仅是为了向学习者传递知识、传授技能、陶冶情操，更关键的是培养学习者善于运用工具、开发技术的能力，从而能够在真实的情境中解决现实生活中遇到的问题。

教学中常常涉及使用实物进行展示的部分，在传统的教学情境中，主要采取图片展示、投影仪以及实物展示的方式让学生感受三维物体的信息。但这些展示往往只能提供物体的某一个视角或者某几个视角，学生无法见到图片以外的视角，不同位置的学生具有不同的视角，而且实物不可能做得很大，学生无法观察到细节信息。学生可以通过计算机三维模型及动画软件，建立一个与实物基本相同的模型，然后通过各个视角旋转展示，学生可根据需求观察各种细节信息。

在 STEAM 课堂上，虚拟现实技术能够辅助课堂教学，通过模拟现实生活中的情境，让学生通过虚拟的设备来进行实验，从而降低实验错误带来的损失以及实验的危险性。例如，想要观测火山喷发的现象，学生可以在虚拟的实验室中通过虚拟现实技术模拟火山喷发等难以观察到的实验。除此之外，还可以模拟爆炸、腐蚀等非常危险的实验。虚拟现实技术在技能方面的教学中也能发挥重要作用，其沉浸性和交互性的功能能够促进学生在仿真环境中进行各种技能的训练。例如，学生在学习驾驶训练中存在着一定的安全隐患，虚拟现实技术可以模拟出各种真实的路面环境，包括超车、堵车、雷雨、大雾等，这不仅能够减少学生学习车辆驾驶的危险性，还能够激发学生的学习兴趣，为学生提供反复操作和训练的学习机会。

STEAM 教育强调学生在跨学科知识整合的同时，还要具备一定的技术水平，强调学习者要了解技术发展与应用的过程，培养新时代发展所需要具备的多种技术素养。在 STEAM 教学中，教育者要善于运用多种现代教育手段去表达、展示教学内容，激发学习者的学习兴趣，提升学习者的操作技能，培养学习者的创新创造能力。

第二章　儿童 STEAM 课程的设计与开发

第一节　课程理念与目标

一、课程理念

课程理念是指教师对课程的理性认识以及对课程的认同与追求，课程理念是课程改革的关键内容，也是教师课程执行力的支点。[①] 课程理念对课程的教育目的、价值和功能的理解，以及教学内容和教学策略的择取，都有深刻的影响，即对"为什么教、教什么、怎么教"等一系列问题的整体感知。

2013 年 4 月，美国国家研究理事会颁布《新一代科学教育标准》，首次将 STEM 教育纳入了国家教育标准，还将"科学与工程实践""跨学科概念"和"核心概念"三个维度嵌套在每一个标准里，以期为所有标准使用者提供指导和说明。这三个维度各有侧重。"实践"特指"科学与工程实践"，这是科学学习的基础，其宗旨是通过实践活动，检验学生所学知识并用于解决实际问题，进而提高学生科学实践和创新能力。

---

① 陈向明：《实践性知识：教师专业发展的知识基础》，载《北京大学教育评论》，2003(1)。

"跨学科概念"是指能够应用于科学和工程领域的通用概念。这些概念超越学科界限，强调学科之间的连贯性和系统化，也更有利于学生进行科学实践。学科"核心概念"则聚焦在各门学科内非常重要的关键性概念，它能够对学生理解复杂的"跨学科概念"和解决问题提供工具与支持，一般涉及物质、生命、地球与空间科学、工程、技术和科学运用。[①]

2017 年，我国教育部出台《义务教育小学科学课程标准》（以下简称《标准》），首次将"技术与工程"纳入科学课程标准，将其作为与物质科学、生命科学、地球与宇宙科学并列的专门领域，打通科学、技术、工程和数学教育，因此，被称为"中国版 STEM 教育"。

《标准》指出，课程的基本理念包括面向全体学生、倡导探究式学习、保护学生的好奇心和求知欲、突出学生的主体地位四个方面。面向全体学生的内容明确指出，课程教学不仅面向个别有兴趣、有特长的学生个体，而且面向所有学生，要为全体学生提供适合的、公平的学习和发展机会；倡导探究式学习则强调转变传统灌输式教学，创设探究式学习环境，培养学生的科学探究意识，掌握科学探究的方法，发展学生批判思维和创新能力；保护学生的好奇心和求知欲是因为学习的内在动力对学生的终身发展有重要意义，在课程内容的择取上，既要注重其意义性，又要注重其趣味性；突出学生的主体地位强调学生是学习和发展的主体，教学应使学生学会学习，成为一个具备终身学习能力的学习者。

以培养创新型人才为主要目的。研究表明，有"元学科"之称的 STEM 教育能够在夯实科学、技术、工程和数学等多学科知识的基础上，提高学生跨学科学习能力。从 STEM 教育发展的历程中，我们发现 STEM 教育已经不仅仅是一个单纯的学科或课程层面的事情，它更多地代表了美国的一种教育发展战略，甚至可以说是一种国家战略。[②] 世界各国将 STEM 教育作为推进课程教学改革和创新型人才培养的重要战略。

---

① 张彩霞：《STEM 教育核心理念与科技馆教育活动的结合和启示》，载《自然科学博物馆研究》，2017(1)。

② 赵中建：《STEM：美国教育战略的重中之重》，载《上海教育》，2012(11)。

　　以跨学科实施教学。STEM 已经由最初代表科学、技术、工程和数学四个独立学科领域的术语，发展到一种基于多学科交叉融合方式培养复合创新型人才的教育理念，由侧重数学和科学教育整合，逐渐转向重视科学、技术、工程、数学、艺术和计算机等学科的融合教育。[①] 从 STEM 教育概念的演变可知，STEM 学科并不仅仅是简单地将学科综合化。现有研究表明，将不同学科知识以割裂（分学科）的方式进行教学已经成为当前 STEM 教育的常见弊端，也是 STEM 教育研究亟待解决的重要问题。较之传统教育体系中的分学科教学方式，STEM 教育的创新之处正是将四门学科有机整合起来，实现跨学科的教学。[②]

　　以能力为本为核心理念。在跨学科的基础上，培养学生的问题解决能力、自主创新能力、深度学习能力和适应未来能力。传统教育以知识为本，STEAM 教育以能力为本，以学生为本。教育的本质并非知识的传授，教育的主体是学生，是人本身，教育的终极目的是促进人的个性发展。STEAM 教育倡导学生在积极参与、亲身体验、动手实践、自主探究中，发现知识、创新知识、发展思维、提升能力。

　　以实践体验为实施方式。STEM 课程的教学过程强调实践性，注重课程内容与社会实践的紧密联系，旨在让学生在实践中学习，从而获取知识和技能，并应用于真实情境中解决问题。在整个 STEM 实践应用过程中，能让学生体验到知识应用于生活的真实感受。[③] 通过亲身体验，学生使用多种感官，对事物有更生动、丰富、系统、深刻的认知和内化，而不是对脱离实际抽象知识的生吞活剥。课程注重学习内容与已有经验的结合，动手与动脑的结合，书本知识与社会实践的结合，理解知识与解决问题的结合，着力提高学生的综合能力。

---

　　① 杨彦军、饶菲菲：《跨学科整合型 STEM 课程开发案例研究及启示——以美国火星教育项目 STEM 课程为例》，载《电化教育研究》，2019(2)。

　　② 丁杰、蔡苏、江丰光等：《科学、技术、工程与数学教育创新与跨学科研究——第二届 STEM 国际教育大会述评》，载《开放教育研究》，2013(2)。

　　③ 董泽华：《试论我国中小学实施 STEM 课程的困境与对策》，载《全球教育展望》，2016(12)。

STEAM 教育从某种意义上说是一种新的理念。它打破了传统教学孤立地传授学科知识的做法，更强调跨学科学习；它摆脱了传统意义上的课本，更强调面向现实的具体问题，探究解决问题的思路与方法；它不再过度强调对知识的记忆，更强调知识的综合运用和创新实践，在很大程度上弥补了我国基础教育的短板。①

二、课程目标

从教育目标来说，STEAM 教育的基本目标是培养学生的 STEAM 素养。STEAM 素养包含了科学素养、技术素养、工程素养和数学素养，同时又不是四者的简单组合。它包含运用这四门学科的相关能力，把学习到的零碎知识与机械过程转变成探究真实世界相互联系的不同侧面的综合能力。②

(一)科学素养

科学素养是指了解必要的科学技术知识及其对社会与个人的影响，知道基本的科学方法，认识科学的本质，树立科学的思想，崇尚科学精神，并具备一定的运用它们处理实际问题、参与公共事务的能力。提高公民的科学素养，对公民改善生活质量，提高参与社会和经济发展的能力，建设创新型国家，实现经济社会全面、协调、可持续发展都具有十分重要的意义。

(二)技术素养

技术素养是指具有在相应的环境下运用合适的技术与外界交流、解决问题以及获取、处理、整合、评价和创造信息的能力；并能利用技术促进

---

① ［美］826 全美：《基于课程标准的 STEM 教学设计　有趣有料有效的 STEM 跨学科培养教学方案》，4 页，北京，中国青年出版社，2018。
② 余胜泉、胡翔：《STEM 教育理念与跨学科整合模式》，载《开放教育研究》，2015(4)。

在任何领域中的学习，获得终身受用的知识和技能的能力。[1] 具体包括：学生应当发展对技术本质的理解、对技术与社会关系的理解、对设计的理解、对技术化世界的适应能力以及对人造世界的理解。

(三)工程素养

2014 年，美国国家教育进步评估(NEAP)提出的技术和工程素养评价框架涵盖了三个主要领域。一是技术和社会，包括对技术与人类相互作用的认识，技术应用对自然世界和对社会影响的认识，以及对技术使用的伦理、公平与责任的认识。二是设计和系统，包括对技术本质的理解、工程设计、系统思维，以及维护和故障排除。三是信息和通信技术，包括构建和交流观点、解决方案，信息研究和问题调查，对观点和信息的认识，以及对数字化工具的选择和使用。[2]

(四)数学素养

在 PISA(Program for International Student Assessment)研究中，数学素养被定义为个人在各种情境中构思、运用和解释数学的能力。它还包括数学推理和应用数学概念、程序、事实和工具来描述、解释和预测现象。数学素养帮助人们识别和理解数学在世界中的作用，使人们作为一个具有建设性的、积极参与的和反思的公民，在生活中做出有根据的判断和决策。

(五)整合素养

将 STEAM 素养视为一个整体性概念，以整合的视角来分析 STEAM 素养的内容构成，比较有代表性的是美国科学教育专家拜比。他认为，STEAM 素养包括概念理解、过程性技能，以及解决与 STEAM 相关的个人、社会乃至全球性问题的能力。具体分为以下四种：一是分辨生活情境中的问题，解释自然和人造世界，对基于证据的 STEAM 相关问题的结论；

---

[1] 国际技术教育协会：《美国国家技术教育标准 技术学习的内容》，9 页，北京，科学出版社，2003。

[2] 宋怡：《STEM 素养视域下的科学教学：审思与重构》，载《现代教育科学(高教研究)》，2018(8)。

二是从知识、探究和设计的角度理解 STEAM 学科的特点；三是意识到 STEAM 学科对物质、精神、文化环境的影响；四是愿意参加与 STEAM 相关的事务，作为一个有建设性思维、关心社会的、有反思性的公民，具备关于科学、技术、工程、数学的观念。① 2012 年，美国学者艾伦·佐尔曼在布鲁姆教育目标分类理论的基础上，将 STEAM 素养的构成分为三个层次：第一层次是科学、技术、工程、数学以及其他相关领域的素养；第二层次是认知、情感和动作、技能等学习领域；第三层次是个人、社会和经济需求。他认为，STEAM 素养不应该被视为内容领域，而应当将其作为一种获得更深层次学习的方式（包含技能、能力、事实性知识、程序、概念和元认知能力）。

第二节　课程选题原则

安妮·乔利在总结诸多实践案例的基础上提炼出优秀 STEAM 课程的六大特征，即聚焦于真实世界中的问题、以工程设计过程为导向、让学生沉浸于动手探索与开放式探究、学生参与富有成效的团队合作、应用学生正在学习的严格的数学和科学内容、允许多个正确答案并将失败再试作为学习的必要部分。

一、学科知识的相关性

从起源来看，STEAM 是美国国家科学基金会经研究发现美国本科教育科学、数学和工程教育存在严重缺陷，为培养在未来竞争中领先的人才，保障国家社会经济安全而提出的教育改革蓝图。因此，STEAM 课程带有明显的实用主义倾向和功利主义色彩。从名称上来看，STEAM 是多门学科的综合，各科知识与技能仍然是课程教学的目标，综合目标是打通学科之间

---

① 宋怡：《STEM 素养视域下的科学教学：审思与重构》，载《现代教育科学（高教研究）》，2018(8)。

的联系，保留各科目的独立性，在各科目教学内容的安排上注重彼此间的联系，即相关课程仍然是当前课程整合中的重要模式之一。学科知识是培养学生创新能力和实践能力的基础。因此，在设计课程时，可以从分科的维度阐明教学目标，或从学科维度具体化评价标准。

STEAM 与当前中小学课程体系中的科学、通用技术、信息技术、数学、物理、化学、生物、地理、美术、音乐等科目具有较强的相关性。学校通常以科学或综合实践课程为切入点，实施 STEAM 教学。STEAM 课程内容以理工学科为主。

二、跨学科的融合性

分科课程历史悠久，从学校教育开始就已存在。我国古代的"六艺"和古希腊的"七艺"是最早的分科课程。近代学校的学科课程是文艺复兴后逐步形成的百科全书式的课程。其后，赫尔巴特和斯宾塞分别给了分科课程以心理学和社会学的说明。赫尔巴特以培养学生多方面的兴趣为基础来安排各学科，斯宾塞则根据人类社会生活所需要的各种活动来安排课程。分科课程至今仍被各国学校广泛采用。分科课程有其独特的优势：将人类文化遗产分门别类地编排，有利于完整保存与传承；按知识的内在逻辑组织教学内容，能够帮助学习者获得系统连贯的文化科学知识；将知识分成不同类别，教师可充分发挥自身特长，按照学科教学特点，有效组织教学，提高教学效率等。分科课程也存在明显的不足：社会生活涉及多方面的知识，分科课程肢解了学生对生活的完整体验，不利于学生综合能力与创新能力的培养和发展；学科专家基于学科领域的工作需求和学科知识逻辑体系划定的学科知识，与学生的个人兴趣有一定冲突，与学生生活经验存在一定的距离，使课程学习显得枯燥无味；科目繁多，知识偏窄、偏难，增加了学生的学业负担等。两种课程各有利弊，应当同时并存，互相补充，共同促进学生的全面发展。

STEAM 是一门综合课程，但并非多门课程内容的简单叠加，而是多门学科知识内容按一定的逻辑关系，形成的有机整体。学习方式以项目式学习、问题探究法、任务驱动法为主，强调学生要在真实的任务中进行学习。
这些任务来源于真实生活，具有一定的现实意义，有利于学生实践能力的
提升；学习活动与学生学习经验密切相关，易于激发学生学习兴趣；学习
项目包含多个领域的知识，而且知识之间相互关联，有助于培养学生的创
新能力。但需要注意的是，并非要求课程的每一主题必须涵盖 S、T、E、
A、M 五个领域的知识，刻意添加与拼凑科目的知识，会导致项目丧失真实
性，使课程变成各科目知识讲授或技能训练的大杂烩、大拼盘。课程内容
也并非只局限于这五门学科的整合，在学生认知范围内，能够引起学生兴
趣，具有一定综合性的真实任务都可能成为课程的很好选题，不少学校尝
试将 STEAM 与外语教学相结合，开展双语教学，取得了良好的教学效果。

三、激发动机的趣味性

中国教育科学研究院发布的《中国 STEM 教育 2029 创新行动计划》指出
注重培养中小学生学习 STEM 的兴趣，奠定必要的基础。《义务教育小学科
学课程标准》强调小学科学课程的组织与教学要兼顾知识、社会、儿童三者
的需求，将科学本质、科学思想、科学知识、科学方法等学习内容镶嵌在
学生喜闻乐见的科学主题中，创设愉快的教学氛围，保护学生的好奇心和
求知欲，激发学生学习科学的兴趣，引导学生主动探究，积累生活经验，
增强课程的意义性和趣味性。举个例子，826 全美(美国 STEM 教育的非营
利组织)设计的"关于超能力的科学"案例中，用美国超文化中的科幻英雄来
导入，激发学生思考哪些能力源自先天遗传，哪些能力是后天养成的，哪
些能力需要借助工具辅助，从而引出学生对 DNA 的探究实践。"纸飞机的
设计""基地的建设""拯救世界(保护鸡蛋)"等子主题的设计融入了美国的超
人文化，激发了学生的学习兴趣，整合了物理、生物、工程与写作等不同
学科的知识。子主题之间过渡自然流畅，整个主题浑然一体。

趣味常常来源于新奇，与预期不一致的新奇刺激物会引发学生的好奇
心。例如，漂浮在水中的金属块、石头(空心)，棉絮中的冰块(不融化)，
因为与学生生活经验有冲突，容易唤醒他们的好奇心。变化或运动的对象

也容易吸引学生的注意力。例如，传统的编程教学，虽然具有培养学生计算思维的现实意义，但如果以讲授方式介绍变量、函数、命令和语句等内容，显得枯燥又抽象，而将编程教育与游戏、人工智能机器人相结合，使角色动起来，以寓教于乐的方式开展教学，就能显著提高学生的学习兴趣。当然，外在的吸引只是一方面，让学生明确学习目标，提供安全、舒适、民主、自由的心理环境，鼓励学生展现自我并获得成就感，同时鼓励他们勇敢面对困难与问题，培养其自制力与意志力，减少依赖性，使其学习兴趣的保持相对稳定，激发内在的学习动机也是十分必要的。

四、符合认识水平的挑战性

维果茨基的最近发展区理论认为，学生的发展有两种水平：一种是学生的现有水平，指在独立活动时所能达到的解决问题的水平；另一种是学生可能达到的发展水平，也就是通过教学所获得的潜力。两者之间的差异就是最近发展区。教学应着眼于学生的最近发展区，为学生提供带有难度的内容，调动学生的积极性，发挥其潜能，超越其最近发展区而达到下一发展阶段的水平，然后在此基础上进行下一个发展区的发展。

学生的认知水平具有阶段性特征，教学起点和目标设定要以原有的认识水平为依据。同一年龄段、同一班级的学生之间都存在差异，应该充分理解和尊重学生发展过程中的个性化差异，支持和引导他们从原有水平向更高级水平发展，切勿用统一标准衡量所有的学生。一个主题在深度和广度上可以有较大的弹性，教师应该根据实际情况做必要的调整。比如，乐器制作的主题，从制作能发出声音的简单乐器到能够发出不同音阶和音色的复杂乐器，知识的理解难易程度和加工的复杂程度，跨度是相当大的。对幼儿园的低龄幼儿而言，能够利用鞋盒、空罐和气球、布料等材料，制作发出声音的小鼓，理解鼓声的大小与鼓膜振动幅度的大小有关，或者在试管中加入不同的水量，敲击试管能够发出不同音调的声音，建立音调与试管中水量之间的联系，并用口头语言、图画或简单符号表达出来，应该说就已经达到了预定的教育目标。

五、基于教学条件的可行性

课程的实施受基础设施、社会环境、师资水平、课程资源、政策制度和文化氛围等多种因素的影响。我国 STEAM 教育仍处于起步阶段，地区间、城乡间、校际间的软硬件资源存在较大的差距。在较发达地区，智能机器人、3D 打印机、激光切割机、无人机等高科技产品已进入课堂，生成了许多新的学习主题，同时也带动了教学模式的创新与发展；科技馆、博物馆、少年宫、创客空间、图书馆、文化馆、研究所和企业等拓宽了学习的场域，为非正式学习提供了良好的环境和资源。在欠发达地区，软硬件资源比较欠缺，在课程设计时，要考虑自身的条件，降低对硬件的依赖程度。例如，"铁丝陀螺"这个经典案例，只需一把钳子和一段铁丝，却十分有趣；纸飞机项目，只需一张纸，通过研究其大小、形状、折叠方法和飞行方式等多种因素对飞行时长和距离的影响，既培养了学生的探究能力，又提升了学生的工程设计与实践能力；酸碱指示剂的制作只需一两片紫甘蓝的叶子，既能让学生观察到液体颜色的神奇变化，又能延伸出酸碱调和的方法。选题源于生活，取材来自身边，这既降低了教学成本，又能使 STEAM 学习扩展到课外，扩展到社区与家庭。使用废弃材料，比使用现成的材料包，更能充分发挥学生的想象力与创造力，而且还培养了学生的环保意识。课程学习的重点不是设备的操作，不是材料的拼装，而是学生的创新能力和实践能力的培养。教师要充分发挥想象力，挖掘生活中的题材，并经过必要的修饰，使其符合课程教学目标的要求和学生的认知水平。

六、基于协调的特色性

根据课程理念与目标，课程内容应该包括物质科学、生命科学、地理科学、工程与技术等多个领域，要考虑各领域内容覆盖的广度。采用自上而下的设计思路，以知识结构图的方式，架构课程体系，可避免核心的疏漏或重复。

STEAM 课程与现有的科学、数学、技术等课程有紧密的联系，但它也有自身明显的特征，如注重跨学科的学习，强调问题的真实性，强调学习的自主性和实践性等。如果不能转变教育理念、彰显课程特色、创新教学模式，以雷同的方式开设课程，势必会压缩课程的生存空间。多种学科的教师共同参与课程开发与实施，集思广益，既能够避免课程内容的重复，又可以生成综合活动主题，创新教学模式。

STEAM 课程的设计还应考虑地方和民族的特色。例如，地方风景、建筑、桥梁等，还有地方文化，如桑蚕养殖、陶瓷创意、剪纸艺术、皮影制作等，都是很好的题材。这些题材易于激发学生的学习兴趣，增强学生对家乡、对民族的认同感。在课程实施时，可就近取材，还可以邀请民间艺人进入课堂，或实地考察观摩。

第三节　课程内容设计与开发

一、课程设计思路

(一)课程前端分析

1. 社会需求分析

(1)人才需求与教育现状

我国基础教育偏重分科教学的现状不利于学生综合运用所学知识解决问题，不利于学生寻找学习的动机与兴趣，也不利于学生多元智能的发展。2017 年 9 月，教育部发布了《中小学综合实践活动课程指导纲要》，其中明确指出，在中小学阶段设置综合课程，以适应不同地区和学生发展的需求，体现课程结构的均衡性、综合性和选择性。

在许多研究领域，跨学科是必要的手段，如生命科学领域就认识到在现代生物学中，大多数重要和有趣的问题不仅需要生物学各分支学科的交互作用，也需要化学、物理、计算机科学、数学等学科的知识运用。

培养复合型人才是增强国家综合实力的重要战略之一，随着科学技术的不断发展，社会对复合型人才的需求与日俱增。社会对工程师的需求量较大，工程师是一个很广泛的职业，有桥梁工程师、石油工程师、航天工程师等，这些工程师来自不同的行业领域，但是他们有一个共同的特征：都是解决问题的人，他们解决问题的思路是基本相同的，即提出问题、界定问题、制订解决方案、实施方案、实施过程中发现新问题、再次界定问题、制订新的解决方案……直到问题彻底解决。

(2)课程定位

从国家层面来说，国家的创新水平是影响国家竞争力的主要因素，STEAM 课程的开设有利于提高国家的创新水平，提升科技水平，从而提升国家竞争力。STEAM 教育的目的是让更多学生对科学和工程产生浓厚的兴趣，以便将来攻读 STEAM 相关专业，毕业后成为相关行业的从业者。STEAM 课程能够增强国家的经济实力，STEAM 知识水平与地区经济发展是相互作用的，发达的经济水平也会吸引更多的 STEAM 从业者。[①]

从学生层面来说，STEAM 教育是培养学生解决实际问题能力的有效手段，给学生提供了动手做的课堂体验。学生通过创造、设计、建构、发现、合作、探究等方式获得跨学科知识。通过 STEAM 课程的学习，学生应该具备创新能力、探究能力、合作能力、表达与交流等多种能力，学生的设计思维、批判性思维、计算思维等应得到一定的提升。

2.学习者关键特征分析

(1)学习者的认知结构

认知结构是指每个人通过多年的学习和生活经验累计在大脑中形成的知识与经验系统，它是由每个人能回想起来的事实、表象、概念、命题、观点等构成的。认知结构具有可利用性、可分辨性和稳固性三方面的特征。当学习者把教学内容与自己的认知结构联系起来时，有意义学习就发

---

① 赵中建：《美国中小学 STEM 教育研究》，256 页，上海，上海科技教育出版社，2017。

生了。①

一般来说，小学生比较喜欢直观的教具，以及课件中的图片、动画等。他们的思维非常活跃，能够在教师的帮助下完成科学探究、工程设计等活动。

（2）学习者的学习动机

学习动机是指直接推动学习者进行学习的一种内部动力，是激励和指引学习者进行学习的一种需要。一般认为，学习动机的主要内容包括学习者的知识价值观、学习兴趣、学习能力感、成就归因四个方面。

小学生年龄较小，对新鲜事物有强烈的好奇心，极力想要探究其中的奥秘。他们想得到别人对自己的鼓励和赞赏，会为了这个目标而努力做好课堂里的每一件事。在得到别人的鼓励和赞赏后有一种成就感，这种成就感能够促使他们一直保持好的成绩。

（3）学习者的学习风格

学习风格由学生特有的认知、情感和生理行为构成，它是反映学生如何感知信息、如何与学习环境相互作用并对之做出反应的相对稳定的学习方式。

小学低年级的学生尚缺乏独立思考的能力，受外界的影响比较大，自控能力比较差，而且容易产生焦虑感。他们喜欢通过动手实践进行学习；喜欢听觉、视觉、触觉等多种刺激同时存在的学习；想要得到外界的不断鼓励和关注，特别是得到教师和同伴的肯定与赞扬。他们很活跃，喜欢约束较少的学习环境，在课堂中喜欢走动，有与同伴交流观点和想法的倾向。

二、STEAM 学科知识

（一）学科知识概述

1. 科学知识

科学课程内容以学生能够感知的物质科学、生命科学、地球与宇宙科

---

① 何克抗、林君芬、张文兰：《教学系统设计》（第 2 版），86 页，北京，高等教育出版社，2016。

学中学生有兴趣参与的重要内容为载体，培养学生对科学的兴趣、正确的思维方式和学习习惯，发展学习能力、思维能力、实践能力和创新能力，形成尊重事实、乐于探究、与他人合作的科学态度。

物质科学是研究物质及其运动和变化规律的基础自然科学，该领域内容的学习有助于学生感受物质科学对促进社会进步、提高人类生活质量的重要作用。物质科学包含的主要内容有：物质具有一定的特征，材料具有一定的性能；水、空气是常见的重要物质；物体的运动可以用位置、快慢和方向来描述；机械能、声、光、热、电、磁是能量的不同表现形式。

生命科学研究的是生物个体的生长、发育和繁殖，生物之间，以及生物与环境之间相互依赖和相互影响。生命科学的知识框架包括：地球上生活着不同种类的生物；植物和动物都能适应环境，并能获取养分维持自身的生存；人体由多个系统组成，各系统分工配合，共同维持生命活动；动植物之间、动植物与环境之间存在着相互依存的关系。

地球与宇宙科学研究地球与宇宙中的有关现象和规律，具有时间和空间的复杂性，需要对它们运用实地观察、长期观测、建构模型、模拟实验、逻辑推理等方法进行研究。地球与宇宙科学的知识框架包括：在太阳系中，地球、月球和其他星球有规律地运动着；地球上有大气、水、生物、土壤和岩石，地球内部有地壳、地幔和地核；地球是人类生存的家园。

2. 工程技术知识

工程与技术是关系紧密的两个学科，工程技术知识包括工程知识和技术知识两个部分。

工程是要在特殊的情境中达成特定的未来目标或解决特殊的问题，学生通过使用跨学科的知识进行反复的设计、决策、建模、分析并进行最优化动态调整。工程知识具有多样性、综合性和不确定性的特点，工程课程的内容呈现出多样化的发展趋势，涵盖面广、综合度高、实用性强，从学生的兴趣出发，从不同层面、不同角度引导学生认识工程。例如，"设计与发现"围绕发现问题、收集信息、头脑风暴、制订计划、建造模型来设置课程；"工程即基础"则聚焦于工程的传统领域，包括环境、电子、机械工程等；"工程未来"围绕科技与工程师、工程师与工程职业、科技与社会、机械与电力工程等主题开展学习。[①]

技术的简明定义就是人类创造，使用技术的目标是使人们的生活变得更容易，同时也使生活更高效、更丰富。技术知识包括技术史和技术性质，以及在一定条件下技术学科与其他学科领域的相互关系，要求学生能够凭借自己的创新思维找到使用技术的更实用的新方法，甚至寻找发明新技术的新思路。例如，在使用乐高积木的机器人项目中，学生能够通过设计会执行任务的机器人来提高自己的创新技能；不给学生提供温度计或温度传感器，要求学生寻求新的替代性方法来测量温度等。[②]

3. 人文艺术知识

人文艺术课程的知识框架包括艺术与生活、艺术与情感、艺术与文化、艺术与科技四个部分。

生活是艺术的源泉，通过艺术和日常生活的联结，学生学会用艺术化的方式表现生活。艺术与生活要求学生能在周围环境中识别出简单的艺术要素，具有运用生活素材进行创作活动的能力。艺术是人类情感的创造性表现，学生通过艺术与情感的相互作用，学习用艺术的方式表达和交流情感。艺术与情感要求学生能运用某些艺术要素表达自己的情感，熟悉不同民族、不同历史时期艺术作品的情感表现方式。艺术以形象化的方式记录和再现了人类文化的发展过程，在艺术与文化部分，学生应乐于感知与体验本民族和其他民族的经典艺术中的符号种类、历史文化背景等，感受不同门类艺术表达的异同；艺术与科技是人类文明发展的两翼，许多科技发明都从艺术的灵感和想象中受益。在艺术与科技部分，学生应了解常见的科技产品中蕴含的艺术要素，体会科学技术对艺术发展的影响，能够借助

---

① 赵中建：《美国中小学 STEM 教育研究》，91～92 页，上海，上海科技教育出版社，2017。

② ［美］罗伯特·M·卡普拉罗、玛丽·玛格丽特·卡普拉罗、詹姆斯·R·摩根：《基于项目的 STEM 学习 一种整合科学、技术、工程和数学的学习方式 》，100～102页，上海，上海科技教育出版社，2016。

科技手段进行艺术创造。[①]

4. 数学知识

数学是一门基础学科，数学知识是 STEAM 课程中的基本工具，按照数学内容的不同，数学知识可以分为代数知识、几何知识和统计知识三大类。

代数知识主要有数的认识与运算，学生能够进行简单的运算，在具体情境中，了解常见的数量关系，经历与他人交流各自算法的过程，并能表达自己的想法等。几何知识主要有认识基本图形，如圆、长方形；掌握测量的方法，如测量土豆等实物的体积；了解图形的运动，如轴对称图形。统计知识指数据的收集、整理、分析与描述，学生会根据实际问题设计简单的调查表，能选择适当的方法收集数据，用图形表现数据并解释统计结果，根据结果做出简单的判断和预测。[②]

(二)学科角色定位

1. 科学课程角色分析

科学课程在培养学生的科学素养、创新精神和实践能力方面具有重要的价值，每个学生都要学好科学。科学课程倡导以探究式学习为主的多样化学习方式，促进学生主动探究；突出创设学习环境，为学生提供更多自主选择的学习空间和充分的探究式学习机会；强调做中学和学中思，通过合作与探究，逐步培养学生提出科学问题的能力、收集和处理信息的能力、获取新知识的能力、分析问题和解决问题的能力，以及交流与合作的能力等。

科学课程的组织开展要兼顾知识、社会、学生三者的需求，将科学思想、科学知识、科学方法等学习内容融入学生感兴趣的科学主题中，创设愉快的教学氛围，保护学生的好奇心和求知欲，引导学生积累生活经验，

---

① 中华人民共和国教育部：《义务教育数学课程标准(2011 年版)》，11～23 页，北京，北京师范大学出版社，2012。

② 中华人民共和国教育部：《义务教育数学课程标准(2011 年版)》，21～25 页，北京，北京师范大学出版社，2012。

增强课程的意义性和趣味性。①

2. 工程技术课程角色分析

开设工程技术课程的目标是培养和造就改造世界、创造产品的工程师、工程技术专家或工程技术员，使人们的生活变得更容易，同时也使生活更高效、更丰富。工程技术课程注重培养学生的工程意识和思维、工程设计和实践能力，重视对学生创意设计、动手操作、创新实践以及对工程职业兴趣的培养与训练。其核心特征表现为工程设计、决策制定、物化实现和思维培养。

工程设计过程是工程的核心，工程设计为科学、数学和技术教育的综合实施提供了有意义的、开放的问题情境，鼓励学生根据实际需要开发和选择解决方案，允许学生按实施状况重新设计和优化方案。决策制定指学生在分析和界定问题的基础上，学会运用决策思维和系统性思维，充分利用科学概念、数学方法和技术工具达到问题解决的最佳效果。学生在学习过程中产生有形的结果就是物化实现，学生在这个过程中要考虑时间、成本、材料等条件限制，物化实现的结果可以是产品模型，也可以是产品的外观设计，抑或是合理的问题解决方案。工程技术课程以学生发展为中心，促进学生工程思维的养成，鼓励学生在日常生活和学习中遇到较复杂的工程问题时，运用工程思维解决问题。②

3. 人文艺术课程角色分析

随着我国国民物质生活水平的日益提高，艺术已成为人们精神生活必不可少的组成部分，艺术教育的重要性日益凸显。艺术教育对青少年美感的形成、情感的丰富、创造力的开发具有重要的意义和价值。

人文艺术课程的总目标是促进学生艺术能力和人文素养的综合发展，为了达到这个目标，艺术课程的学习内容可以在音乐、美术等领域中产生，学生人文素养的养成主要通过艺术与人类生活、情感、文化、科技等方面

---

① 中华人民共和国教育部：《义务教育小学科学课程标准》，3～4 页，北京，北京师范大学出版社，2017。

② 时慧、李锋：《新工程教育：STEM 课程的视角》，载《开放教育研究》，2019(3)。

的联结而实现。学生的艺术学习经历了感知与体验、创造与表现、反思与评价等过程。感知与体验是学生对饱含人文内涵的艺术内容的亲身感受和体验，使学生的艺术创造和表现具有丰富和坚实的基础。创造与表现是学生艺术感知与体验活动的自然发展和延伸，是运用不同的综合艺术形式将自己的感受和体验表现出来。反思与评价是学生针对自己和他人的表现过程和创造结果进行反思与评价，旨在提高学生的艺术判断能力和自我提升能力。[①]

艺术加入科学、技术、工程、数学教育，是对这四类课程的良好补充，能帮助学生优化对不同学科知识的理解与应用。学生运用沟通和语言的艺术能更好地实现知识共享；通过美术，学生能更好地了解过去和现在的文化和美学；学生了解道德、自由和艺术等知识，有助于理解社会的发展。

STEAM 教育将人文艺术中的"谁来做"和"为什么这样做"加入 STEM 教育领域的"做什么"和"怎么做"中，让人在创新过程中扮演重要的角色。因此，STEAM 课程中的人文艺术教育能够培养学生解决现实问题所需的灵活性和适应性，使他们具备跨文化交流能力。[②]

人文艺术课程能够提高学生的美感素养和人文素养。美感是经由审美活动所引起的心理感受，美感素养与美感的修养有关，是对艺术材料等审美对象的认知解释并创造意义的能力。美感素养在感知和行为的迭代循环中得到发展，能够帮助学习者将陌生环境转变为与个人共鸣的环境系统，提升学习者的适应能力。艺术与人文一直有很多的联系，许多艺术的灵感来源于历史、诗歌、文化等。艺术的人文色彩能够提高人们的人文素养，使艺术成为人类精神的归宿。直观生动的艺术方式让学生能够参与到所处的社会文化发展中去，获得洞察社会丰富性、体会文化多元性的能力。[③]

---

① 中华人民共和国教育部：《义务教育艺术课程标准（2011 年版）》，5～6 页，北京，北京师范大学出版社，2012。

② 赵慧臣、陆晓婷：《开展 STEAM 教育，提高学生创新能力——访美国 STEAM 教育知名学者格雷特·亚克门教授》，载《开放教育研究》，2016(5)。

③ 李刚、吕立杰：《从 STEM 教育走向 STEAM 教育：艺术（Arts）的角色分析》，载《中国电化教育》，2018(9)。

4. 数学课程角色分析

数学课程应满足学生个性发展的需求，使每个学生都能获得良好的数学教育。课程内容要反映社会的需要和数学的特点，要符合学生的认知规律。它不仅包括数学的结果，也包括学生学习数学的过程及蕴含的数学思想。

数学教学活动应能激发学生的学习兴趣，调动学生积极性，引发学生的数学思考，促进学生创造性思维的发展。数学学习是一个生动活泼、富有个性的过程，积极思考、动手实践、自主探索、合作交流等都是学习数学的重要方法。学生应当有足够的时间经历观察、实验、猜测、计算、推理、验证等活动环节。教师要发挥主导作用，处理好讲授与学生自主学习的关系，引导学生自主探究，使学生理解和掌握基本的数学知识与技能，体会和运用数学思想与方法。[①]

三、课程内容设计

（一）内容来源

在 STEAM 课程中，科学、工程、技术与数学在现实生活中的应用是相互融合的，现实问题不会以单一学科的面貌出现。[②] 课程内容来源于自然现象、社会问题与生活实践等。为了便于课程内容设计，我们将内容的来源归类为：学科、项目和生活三大领域，如图 2-1 所示。

将具体学科作为课程的基础内容，培养学生的思考与学习能力；通过完成项目实现能力进阶，让学生具备实践与动手拓展能力；课程内容与生活领域关联，有利于培养学生的交往意识与公民道德意识。基于学科课程项目化的学习并非只强调学科知识的学习，还侧重对教材外的知识的体验与经历。这三大领域设计项目有助于学生对事物的全新认识及其生活经验

---

① 中华人民共和国教育部：《义务教育数学课程标准（2011 年版）》，2～3 页，北京，北京师范大学出版社，2012。

② 丁杰、蔡苏、江丰光等：《科学、技术、工程与数学教育创新与跨学科研究——第二届 STEM 国际教育大会述评》，载《开放教育研究》，2013(2)。

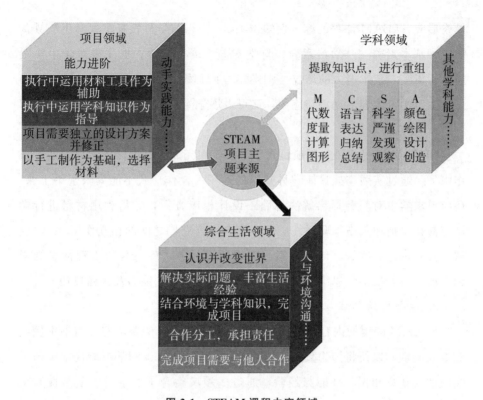

图 2-1　STEAM 课程内容领域

的增长。这样的设计既可以涵盖课程标准要求的教学内容，又可为学生提供自主选择、个性化的学习空间。①

1. 学科领域

根据小学语文、数学、科学等具体学科的课程大纲，每门学科都有相应的内容要求与安排，年级不同课程内容也不同。STEAM 课程开发要分析各学科的知识结构，发现不同学科知识点之间的关联性、连接点与整合点，将分散的学科知识按跨学科的问题逻辑进行重构，根据学情选择并增添知识内容。STEAM 课程的知识不以独立的形式呈现，它采用融会贯通的方式进行重组，将重点知识与综合领域结合，转换成可开展的项目问题和任务，并充分考虑知识的复杂性及学习者的特征，完成学科知识的项目式组合，

----

① 冯华：《STEM 教育视野下的综合课程建设》，载《中小学管理》，2016(5)。

最终形成 STEAM 课程的综合性知识项目。① 当前学科教育重视学生应具备的三种基本素养——学习素养、科学素养、语言素养，也注重对学生实践能力、审美与艺术能力的培养。② 因此，在具体学科中获取知识，既可以加强学生对学科内容的理解与应用，又可发展学生的相关素养。

2. 项目领域

STEAM 课程主要采用项目式学习法，在完成项目中提高学生的实际操作水平，通过实践掌握具体学科知识的运用。操作形式不能局限于手工课，还应要求学生对问题提出解决思路，设计相应方案，然后利用材料进行尝试与修正，把相关事物联系在一起，综合考查它们之间的相互作用。③ 学生通过独立设计、实施、优化方案，完成项目任务，使自身的工程性思维得到发展，培养批判性思维和通过项目活动解决问题的能力及沟通技巧。

3. 综合生活领域

STEAM 课程的内容与真实生活关联，项目设计的要求理应与书本例题有重大区别，以便将知识真实化与情境化。STEAM 课程学习能让学生通过实践活动获得知识、技能与经验，通过多领域整合了解生活的复杂性和交叉思想，同时帮助学生通过项目学习应用真实的生活经验、具体的学科知识，与他人共同协商制订计划，解决现实问题，让他们认识到处理好与他人及社会关系的重要性。④

---

① 张文兰、张思琦、林君芬等：《网络环境下基于课程重构理念的项目式学习设计与实践研究》，载《电化教育研究》，2016(2)。

② 林崇德：《21 世纪学生发展核心素养研究》，196～197 页，北京，北京师范大学出版社，2016。

③ A. Asghar, A. Ellington, E. Rice, et al., "Supporting STEM education in secondary science contexts," *Interdisciplinary Journal of Problem-based Learning*, 2012 (2), pp. 85-125.

④ R. Lamb, T. Akmal & K. Petrie, "Development of a cognition-priming model describing learning in a STEM classroom," *Journal of Research in Science Teaching*, 2015 (24), p. 33.

(二)内容结构

1. 螺旋上升式结构

STEAM 课程内容结构可从三个维度进行设计。第一是具体学科，具体项目设计要体现多学科融合的特点。第二是内容的难度，学生从基础知识开始，课程内容的设计要关注先行组织者的作用，从学生所能掌握的经验入手，初识基本概念，培养判断及识别能力。第三是内容的广度，即在学科支持背景下对内容进行扩充，丰富学生的经验。

2. 内容之间整体相关

首先，课程开发者在学科课程范围内对课题进行初步选择，分析学生应掌握哪些拓展性知识，然后确定核心主题并细化。基于学科课程项目化重构的 STEAM 课程设计内容，要在学科知识的系统性与项目所获知识的随机性之间保持平衡，使项目包含的知识多次叠加交融。[1] 不同的主题有不同的学习模式，STEAM 课程内容大体分四类：对已知结论的验证、对未知现象的探究、对已有事物的改进、对未知事物的制作。课时安排取决于课程内容，可将大项目具体分成小项目。[2] 在整个单元的学习中，学生可以从不同角度对原理进行探究，从而达到对原理的全面理解和应用的目的。

3. 工程思维的培养应贯穿小学的 STEAM 课程

许多科学教育研究已证实，学习中使用工程设计方法可以增强学生应用科学和数学知识学习效果。[3] 在工程设计过程中，高阶思维能力对分析问题、预测不同解决方案的可行性、评估结果和优化解决方案是不可或缺的。所以，STEAM 课程应将工程思维的培养作为主线，将各学科知识点、核心概念作为辅助。目前，我国小学科学教育只关注科学与数学两门基础学科，

---

[1] 余胜泉、胡翔：《STEM 教育理念与跨学科整合模式》，载《开放教育研究》，2015(4)。

[2] J. Welling, & G. A. Wright, "Teaching engineering design through paper rockets,"*Technology & Engineering Teacher*, 2018(8), pp. 18-21.

[3] P. Cantrell, G. Pekcan, A. Itani, et al., "The effects of engineering modules on student learning in middle school science classrooms,"*Journal of Engineering Education*, 2006(4).

技术处于边缘地带，工程更是难觅踪影。

(三)内容设计的流程

　　教学内容是课程的核心，因此在学科课程重构的基础上采用项目式学习法，设计适合学生需要的课程内容是我国实施 STEAM 教育的关键。课程内容设计首先要明确 STEAM 教育的目标是培养学生的创新思维与问题解决能力。其次要对问题进行深入思考，设计解决方案，优化实验操作，在此过程中对材料的属性或其他知识进行探索，利用科学、技术、工程和数学等知识解决现实问题；最后采用理性的办法验证得出答案。内容设计流程见图 2-2。

　　1. 课题选择五步法(Find-Choose-Analysize-Adjust-Establish)

　　发现(Find)，指从社会生活中发现相关问题，结合小学具体学科与学生生活经验，使课题具有实际意义。STEAM 课程内容应具备广度与深度，不仅要有助于学生的思维发展，而且还要培养学生的社会意识与道德素质。选择(Choose)，指将生活问题与课本知识结合起来，考虑是否符合学生经验，是否具备可操作性和体验性。分析(Analysize)，贯穿教育的各环节，既要分析教育目标与学情，又要分析课题的可行性与可操作性，如可行性小则重新筛选主题。调整(Adjust)，指选择课题后要对课题进行调整，保证课题的连贯性和相关性，加强学生对知识的理解，维持学习动机和好奇心，通过不同课题为学生提供手脑并用的研习机会，加强综合应用知识与技能的能力。确定(Establish)，指最终确立课题，增强与现实生活的联系。

　　2. 丰富课题，组成项目

　　课题是每个项目的中心，但不是全部。我们认为课题包含在项目中。学生可以在完成课题的过程中探讨更多知识点，激发好奇心，还可以培养毅力与耐性，从而学会克服困难。学习能力的获得是持久的过程，需要学习者在特定的学习环境下形成稳定的学习意志品质，保持热情，进而不断学习和探索。[①] 项目也可以分几个阶段，从学习基础知识到学习重点，再到

---

　　① 蒋志辉、赵呈领、周凤伶等：《STEM 教育背景下中小学生学习力培养策略研究》，载《中国电化教育》，2017(2)。

将学习能力、实践能力与生活能力相结合，促进学生综合能力的提升。

课题项目具有实际意义，丰富学生的生活经验，从而使其达到对新事物的多方面理解。

教育目标分析

在项目领域中培养学生的综合能力，如学科知识的运用、工程设计的思维等。

学生已经具备哪些项目操作能力，还存在哪些不足？

学情分析

在内容设计时，应融合哪些学科的知识点，从而完善学生知识体系？

从学生已有的知识水平出发选择课题，从而使其获得哪些知识？

综合生活领域

项目领域

具体学科领域

不可行则重新调整

发现：课题来源于三大领域，将学科知识融入真实生活，化抽象为具体，并通过学生的亲身参与，加强其各方面的能力，发展其道德素质。

选择：根据发现问题的难易程度以及可操作性筛选课题，既要具备STEAM跨学科的特点，又要立足于具体学科的知识点，同时具备现实意义。

分析：在主题确定前期需要分析目标与学习者，在主题选择时也需要考虑课题的知识性、趣味性、可操作性与可控性。

可行继续该流程

调整：在确定该课题可行的情况下进一步完成知识点的融合，补充课题，并根据学生学习情况适当调整难易程度，以便激发学生的兴趣与好奇心。

确定：经过上述四个步骤后最终确定本节课的核心课题，后续可以根据课题实施情况进一步丰富课题，组成项目。

情境及问题设计

材料及资源支持设计

丰富课堂组成项目任务设计

课时及课堂活动设计

交流与展示设计

STEAM内容类型

已知结论的验证	未知结论的探索	已有事物的改良	未有事物的创造
这种类型的内容在项目任务初始阶段给出答案，但是需要学生自主验证，并参与体验获得结果，在完成项目的过程中收获更多的知识与能力。	事物改良对学生的能力提出了更高要求，了解社会需求后通过工程设计将生活经验与各领域知识相结合，利用技术手段创造满足人类需求的事物。鼓励学生善于发现、积极行动，从而丰富其生活经验。	事物改良对学生的能力提出了更高的要求，了解社会需求后通过工程设计将生活经验与各领域知识相结合，利用技术手段的创造满足人类的需求。鼓励学生善于发现、积极行动，从而丰富其生活经验。	未有事物的创造来源于学生的灵感，设计并创造出作品是获得成就感的重要方式，也是保持好奇心，维持学习动机的重要途径，将创新付诸实践，对学生而言是全新的挑战。

依据课题，选择合适的STEAM内容类型，进而对具体课程进行设计，如课堂中的任务驱动、教学活动、成果展示等。

图 2-2 STEAM 课程内容设计流程

最后的知识迁移和应用，认知能力随着经验增长，从知识获得到问题解决，学生的自我效能感得到满足，这种情绪对深入学习有正向促进作用。因此，课题的选择尤其重要，难度过低会让学生感到过于简单而不愿动手，但也不能过高，否则会脱离学生的认知与操作水平，让其望而却步。基于学科课程项目化重构的 STEAM 课程应将分学科的知识按主题或项目跨学科重组，确保设计的项目覆盖所有学科基础知识。

3. 确定内容类型

验证型和探究型的项目可以间接传授知识。这种方式比直接讲授效果好，学生在验证过程中不仅可以丰富知识经验，而且操作能力与其他能力也能得到提升，这种"做中学"可在更广阔的视野下，理解知识的建构机制，化抽象为具体。[①] STEAM 课程以建构主义和认知科学为基础，以问题或项目为核心，为学生创设真实的学习情境，要求学生自主设计问题解决方案，并通过实践检验方案的合理性。[②] 对已有事物的改进和未有事物的创造可以培养学生的创造性思维。很多新事物是在原来的基础上改进并结合时代要求，更新成新的事物的。这种内容类型要求学生全新地理解知识，拓宽思路，将知识应用到更广的范围中。这就需要课程开发人员根据项目主题或知识点选择最恰当的内容类型。

4. 设计 STEAM 课程内容的类型

依主题而定，课程内容依内容类型而定。教师为学生创设学习环境，并结合课程内容设置学习活动。学生以科学体验者的身份，认识、修正和完善对科学知识的理解。[③] 学生在课堂上会遇到很多问题，需要授课教师灵活应对，并引导学生在发现中学习知识，帮助他们潜移默化地树立正确的人生观、价值观。

---

① 殷朝晖、王鑫：《论美国 K-12 阶段 STEM 教育对我国中小学创客教育的启示》，载《外国中小学教育》，2017(1)。

② 谢丽、李春密：《整合性 STEM 教育理念下的课程改革初探》，载《课程·教材·教法》，2017(6)。

③ 蔡慧英、顾小清：《设计学习技术支持 STEM 课堂教学的案例分析研究》，《电化教育研究》，2016(3)。

四、课程支持材料的开发

(一)课程支持材料开发的原则

在设计和开发课程支持材料的过程中,应该遵循以下基本原则。①

1. 目标控制原则

教学目标是贯穿教学活动全过程的指导思想,它不仅规定教师的教学活动内容和方式,指导学习者对知识内容的选择和吸收,而且还控制学习资源类型和内容的选择。以小学综合实践课程“折纸”为例,让学习者掌握对称的相关知识和要求学习者能够运用某种折纸技巧进行折纸创作是两个不同的教学目标,掌握对称知识需要用文字讲解和图片展示作为辅助材料,而运用折纸技巧进行创作需要准备各种实物器材。

2. 内容符合原则

学科内容不同,所需的学习资源也会有所不同,即使是同一学科,各章节的内容不一样,对学习资源的要求也不一样。小学科学课程当中的科学小实验,有些是物理实验,如液体的热胀冷缩,上课前要准备冷水、热水、烧杯等材料;有些是化学实验,如小苏打和白醋的混合,需要准备小苏打、白醋等材料;对一些比较危险或者不容易实现的实验可以通过教学视频来展示。

3. 对象适应原则

不同年龄段的学习者的认知结构有很大差别,学习资源的设计必须符合教学对象的年龄特征。例如,小学低年级的学生具有基于具体事物表象的思维特点,因此,低年级的学习资源设计应多采用图形、动画和音频形式来实施形象化教学。

4. 最小代价原则

开发的学习资源不仅要包含较大的信息量,而且还要深入浅出、通俗

---

① 何克抗、林君芬、张文兰:《教学系统设计》(第 2 版),194 页,北京,高等教育出版社,2016。

易懂，使学习者花较少的时间和精力就能获得并理解这些信息。

(二)课程支持材料的类型

1. 媒体素材

媒体素材也称数字化教学资源，在 STEAM 课程教学中发挥着重要的作用，包括文本、图片、视频、动画等多种类型。在开展 STEAM 课程时，应根据实际情况选择合适的媒体素材。

文本素材是最常见的素材，教学设计、阅读材料、学习任务等一般都以文本的形式呈现。文本素材具有准确性的特点，能够清楚地阐述定义、问题与原理。相对于文本素材来说，图片具有形象、生动、易理解的特点，能直观地表达出知识内容。在描述科学现象的同时配备相应的图片，能够起到帮助学生理解的作用。视频可以详尽地呈现科学实验的过程和现象，有很强的感染力，用于 STEAM 课程中能够吸引学生的注意力，丰富教学内容，从而获得更好的教学效果。动画可以用来模拟事物的变化过程，辅助说明科学原理，经过创造设计的动画能够使知识点的讲解更加生动有趣。

媒体素材的开发与收集通常包括以下几种途径。第一，设计、制作教学资源。教师的教学设计应该由自己设计。第二，修改已有资源。给学生的阅读资料、课程任务可以在已有资源的基础上做些适当修改，以满足教学需求。第三，选取现成资源。图片、视频类型的素材可以选取和使用现成的资源，以节省时间和精力。

2. 实验材料

STEAM 课程需要学生动手操作以达到获取知识的目的，无论探究类课程还是设计类课程，实验材料都是必需的课程支持材料之一。STEAM 课程强调学生的协作学习，教学活动以小组合作的方式开展，教师在开发实验材料时以小组为单位，能够节约成本。

实验材料通常包括基础工具、测量工具和与主题相关的材料三类。基础工具有剪刀、透明胶带、铅笔、橡皮、卡纸等；测量工具有直尺、小电子秤、量筒、温度计等；与主题相关的材料取决于课程主题，课程主题不同，所需的材料也不同。实验材料一般通过以下途径进行开发。第一，教师准备材料。基础工具与测量工具使用的频率较高，基本上每堂课都需要，可以由教师统一为学生准备。第二，学生自带材料。与主题相关的材料每堂课都不一样，学生可以自己准备，如塑料瓶、橡皮泥、泡沫板、细绳等。

3. 测评工具

测评是教学过程的重要环节，测评工具也是 STEAM 课程评价环节必不可少的工具，用来测量学生对知识、技能的掌握情况以及了解学生的课堂表现情况，作为教师对学生综合评价的参考依据。

STEAM 课程中常见的测评工具有实验记录表、学生自评表、同伴互评表、前测与后测问卷等。测评工具的开发需要教师根据课程的目标、内容、实施形式进行有针对性的设计，设计的测评工具要切实可行，能够给予教师和学生及时有效的反馈，学生能在运用测评工具教学评价的过程中学会思考、学会学习。为了达到这个目标，教师在开发测评工具时，要考虑以下两点因素。第一，评价角度要全面。在设计学生的自评与互评表格时，要融合学生的想法、创意、动手操作、问题解决等多个方面。第二，重视对学生学习过程的评价。基于项目的 STEAM 课程注重学生在课堂中的参与情况，因此，测评工具的设计应能反映学生真实的课堂互动情况。

第三章 儿童 STEAM 教育的模式构建与活动设计

第一节 STEAM 教学模式构建

教学模式是连接教育理论与教学实践的关键桥梁，教学模式反映了在一定教学思想或教学理论的指导下建立的相对稳定的程序化教学活动框架，教学模式的不断改进要为我们的教育目的服务。随着科技的蓬勃发展，如何培养科技人才、STEAM 人才是我们亟待研究的重要问题。当前学校开展 STEAM 教学活动仍处在初级阶段，要想呈现"百花齐放，百家争鸣"的繁荣景象，就要形成两类实践路径：一类是借鉴国外成功经验，以科学探究 5E 模式和工程设计 6E 模式为基础教学模式，结合 STEAM 教学特征做进一步改进；另一类以开展 STEAM 教育的学校和教师为主体，根据以往的教学经验探索如何实施 STEAM 活动。上述两类 STEAM 教育实施路径各有利弊，探索适合本土教育现状的教学模式具有重要的理论意义和实践价值。

一、教学模式的构建基础

基础教育阶段不仅要继续培养学生的科学素养，而且还要融入工程素养的内容，这为基础教育阶段的改革和发展提供了导向。本书第一章中 STEAM 教育的理论基础是从 STEAM 教育产生和发展的视角进行的理论阐释，教学实践视域下从已有的 STEAM 教学实施经验可以发现，以项目引领的方式开展 STEAM 活动是当前公认的有效教学模式，项目式学习（Project-based Learning，PBL）为儿童 STEAM 教学模式的构建提供了重要的理论指导。

(一) 项目式学习内涵

项目式学习在教育领域的实际应用中有多种称呼，如"基于项目的学习""项目教学""专题式学习"等。项目式学习的思想萌芽起源于杜威等教育家提出的做中学、体验式学习，是基于建构主义的学习方式。美国巴克教育研究所把以课程标准为核心的项目学习定义为一套系统的教学方法，它是对复杂、真实问题的探究过程，也是精心设计项目作品、规划和实施项目任务的过程，在这个过程中，学生能够掌握所需要的知识和技能。[①]

基于项目的学习一般分阶段进行，目前对项目流程的描述都是基于基尔帕特里克的四步骤引申出来的，即目的（purposing）、计划（planning）、实施（executing）、评价（judging）。[②] 本研究在基尔帕特里克四步骤的基础上，结合 STEAM 教育的教学特点，将项目活动分为项目确定阶段、项目计划阶段、项目实施阶段和项目成果展示阶段，详见图 3-1。[③]

---

① ［美］巴克教育研究所：《项目学习教师指南——21 世纪的中学教学法》（第 2版），4～5 页，北京，教育科学出版社，2008。

② ［德］鲁道夫·普法伊费尔、傅小芳：《项目教学的理论与实践》，43～46 页，南京，江苏教育出版社，2007。

③ 王巍、袁磊：《幼小衔接阶段基于项目的 STEAM 课程教学模式研究》，载《现代远距离教育》，2018(3)。

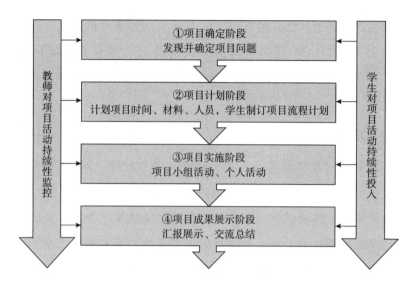

图 3-1　项目活动的四个阶段

(二)项目式学习特征

如今世界变化和知识更替的速度使得项目式学习在教育领域日渐流行。在教育活动中,项目式学习主要呈现出以下三个核心特征。

1. 以学习者为中心

项目式学习过程中学习者是项目确定、计划、实施和评估的主要负责人,以对项目内容探究的内驱动力为基础,通过同伴合作、反复完善来激发学生的先前知识和继续行为的愿望,在愉悦的学习氛围中,使学生感受到他们有能力完成项目,他们的学习行为是被认可和被需要的。

2. 以解决实际问题为中心

项目主题和内容来源于真实世界,学习情境是师生共同营造的基于现实生活的一个场景或一个疑问,在学生的经验范围内可以被感知。项目主题跨学科综合性的属性使得项目研究过程不囿于知识框架和学校教育,学生对在项目过程中出现的困惑能够从多个维度深入调查、研究、推理并进行合理解释。

3. 以产品为中心

项目式学习始终围绕着明确的项目结果展开,项目产品不拘泥于通常意义上的实物作品，如用材料做成的可以被触摸感知的物体，也可以是语言类、图片式、报告类等多种形式或其组合，根据学生的认知能力和使用技术工具水平进行合理选择。项目作品的价值是学习者通过对真实世界的问题提炼，经过多维的思维碰撞和社会实践过程，以最优化形式表征学生对项目核心概念的意义建构和思维衍化为目的，得到的项目成果能够继续作用于真实世界是对学生创造力提高的最好诠释。

二、教学目标与教学原则

STEAM 教育的兴起是世界教育范围内对教学方式的革新，当代儿童已经步入了创造型教育阶段，而不是知识型教育、智能型教育。[①] 儿童 STEAM 教学活动的开发和实施要以教学目标为靶向、以教学原则为准绳，教学目标和教学原则是教学活动设计与实施的风向标。

(一)教学目标

基于项目的 STEAM 教育以培养儿童综合运用 STEAM 知识来创造性解决实际问题能力为核心目标。儿童通过对 STEAM 课程的学习，了解与认知水平相当的 STEAM 知识，体验项目确定、计划、实施、展示的基本过程，熟练掌握解决问题的基本技能，保持和发展对真实世界的探究和好奇，养成良好的学习习惯，正视探究过程中的失败，提高尊重事实、乐于合作、善于沟通与交流的能力，逐步发展学习能力、思维能力、实践能力和创新能力。

(二)教学原则

教学原则是根据教育目的制定的基本要求，需要教师和学生贯穿教学过程的始终。基于项目的 STEAM 教育从以下几个方面对师生提出要求。

1. 明确要求，让过程结果化

STEAM 教育的核心是培养学生解决问题的能力，教师和学生在项目确

---

① 王巍、袁磊：《幼小衔接阶段基于项目的 STEAM 课程教学模式研究》，载《现代远距离教育》，2018(3)。

定阶段就要明确项目的完成要求,项目成果评价围绕要求展开。儿童在动手实践过程中,容易迷失在探索材料特性和追求工具的使用中,教师要时刻提醒儿童在探究过程中不忘要求,专注于过程。

2. 突出设计,让思维可视化

人类的短时记忆非常有限,仅有7±2个组块,这使人类信息加工水平受到了很大的限制。幼小衔接阶段儿童的身心尚未发育完全,还存在思维不可逆的特性,需要教师通过多样的辅助手段帮助儿童提高思考能力。STEAM的教育过程涉及工程设计问题,这是儿童思维能力培养的重要环节。师生确定设计问题后,利用思维导图不仅能清晰呈现问题的演进,而且还能避免儿童重复思考问题的解决办法。

3. 注重观察,让发现价值化

以学生为中心的 STEAM 教育强调在教学过程中发挥学生的主观能动性。儿童天性活泼好动,尤其在低年级时期注意力短暂,这就需要教师在教学过程中注重观察儿童的学习行为以了解他们的学习进程。同时,教师要关注儿童在学习过程中有价值的发现,并及时推广儿童的想法,引导儿童探究科学事物,培养儿童正确的科学方法和积极的科学态度。

4. 多维鼓励,让氛围愉悦化

STEAM 课堂轻松愉悦的学习氛围使儿童活泼好动的行为特点更加明显,教师在关注儿童学习过程的同时要保持课堂纪律,这是教学过程和学习过程良性发展的根本保证。STEAM 课程需要儿童设计实验、动手实践,儿童对工具的正确使用程度、儿童对失败的心理承受能力、儿童延迟等待实验结果的耐心、儿童以自我为中心不接受合作学习的排斥心理等都将影响教学效果。教师在选择教学材料和工具时要充分考虑儿童的能力水平,注重鼓励儿童的非智力表现,同时设计趣味性的项目主题和游戏化的学习过程,这有助于吸引儿童投入其中,使他们感到 STEAM 课堂是快乐的、安全的。

三、基于项目的教学模式构建

STEAM 知识和技能是面向真实世界、解决生活实际问题获得的。儿童在认识客观世界的过程中，充满了对未知领域的好奇心和探究欲，儿童对真实问题的认知分为未知领域和已知领域。[①] 在未知领域中儿童获得认识客观世界规律的机会，在创造世界的过程中，儿童用学到的知识完成理解、运用和创新的过程。无论哪个学科的 STEAM 知识，都能让儿童的 STEAM 技能得到发展，包括观察能力、对比能力、分类能力、假设能力、测量能力、预测能力、检验能力、推理能力、记录能力、归纳能力、报告表达能力、评价能力等。尽管教师以项目化形式开展 STEAM 活动，但是选择不同类型的 STEAM 教学模式有利于学生理解和运用 STEAM 知识。我们根据学生的认知特点、STEAM 知识特征类型和学生 STEAM 能力要素构建了基于项目的 STEAM 教学模式，如图 3-2 所示。

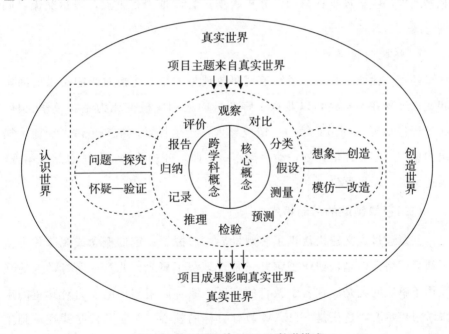

图 3-2　基于项目的 STEAM 教学模式

---

① 王巍、袁磊：《幼小衔接阶段基于项目的 STEAM 课程教学模式研究》，载《现代远距离教育》，2018(3)。

(一)未知领域的活动程序

未知领域是儿童需要认识的客观世界,可以通过问题—探究和怀疑—验证的方式进行初步学习,儿童在探究过程中通过观察和实验尝试理解事物间的异同和联系,建立并丰富对客观世界的感性经验,促进形象思维的发展,为抽象思维和逻辑思维的进一步发展奠定基础。

1. 问题—探究

问题—探究是儿童对完全陌生或已经存在但未被感知的事物的初步认识,以儿童了解现象是什么、有哪些特征为主要教学目标。该流程包括五个环节:第一,激发兴趣,发现问题;第二,大胆假设,设计实验;第三,观察现象,收集数据;第四,分析数据,尝试推论;第五,表达交流,归纳总结。

2. 怀疑—验证

怀疑—验证是儿童已经知道规律或现象的结果,但对影响结果的因素和变化过程并不清楚,以儿童了解变量因素和规模变化为主要教学目标。该流程包括五个环节:第一,情境导入,产生怀疑;第二,讨论交流,提出构想;第三,评估计划,动手操作;第四,分析数据,归纳总结;第五,表达交流,反思评价。①

(二)已知领域的活动程序

儿童通过意义建构认识了客观世界,掌握了一定的概念或规律并丰富了知识网络。但是,如何了解儿童是否理解了概念、儿童如何将学到的规律用于解决问题是以往科学教育的盲区。综合运用知识的能力对儿童的未来学习更重要,这正是 STEAM 教育目标的核心。儿童从接受式理解到生成式理解可以通过模仿—改造和想象—创造的方式对知识做进一步的加工。

1. 模仿—改造

模仿—改造是儿童对已经存在的实际物体根据"需要情况"进行再次改

---

① 傅骞、刘鹏飞:《从验证到创造——中小学 STEM 教育应用模式研究》,载《中国电化教育》,2016(4)。

良，"需要情况"可以由教师根据实际生活需要提出要求，也可以由儿童根据自身需要来提出。该流程包括五个环节：第一，创设情境，观察体验；第二，明确标准，设计方案；第三，选择材料，模仿制作；第四，测试性能，优化方案；第五，交流分享，反思拓展。

2. 想象—创造

想象—创造是儿童综合运用 STEAM 知识，根据项目要求发挥想象进行发明创造。该流程包括五个环节：第一，情境引入，确定目标；第二，头脑风暴，制定方案；第三，分工协作，完成创作；第四，交流分享，互评提高；第五，总结归纳，拓展延伸。①

在儿童的知识体系中未知远远多于已知，所以传统的科学教育让儿童学习"不会的知识"是教师和家长关注的重点，如何运用掌握的知识解决实际问题的能力一直没有得到应有的关注，对已知经验的深度加工是提高儿童批判性思维和创造性思维的最佳途径。在 STEAM 教育中，儿童不仅要完成接受式理解，还要完成生产式理解。以下两个教学案例就是教师根据教学和学习需要，使用不同的模式流程指导儿童完成 STEAM 项目的过程。

神秘外星人

本项目是小学低年级儿童的 STEAM 课程。项目涉及的科学概念是生物体与非生物体，数学核心概念是比较大小、表征数字、混合比例，工程部分是设计并制作有多种结构功能的物体，艺术部分考查学生的颜色搭配能力和艺术想象力。学生在 STEAM 活动中得到培养的关键技能有观察、对比、分类、预测、推理、归纳、评价。项目目标包含两部分。第一部分是探究对比外星人与人类的生存条件和身体结构，了解生物体和非生物体的区别，并完成探究报告。第二部分是学生用橡皮泥制作外星人和它们的交通工具，并能够说明设计理由，要求外星人能够站立。课前，教师为学生准备的材料有各色橡皮泥、牙签、透明胶带、锡纸、彩色卡纸、方形泡

---

① 王巍、袁磊：《幼小衔接阶段基于项目的 STEAM 课程教学模式研究》，载《现代远距离教育》，2018(3)。

沫棉、皮筋、毛线。

该项目教学需要两到三个课时，第一课时应用问题—探究流程完成第一个教学目标，要求小组合作，每组两个学生，第二、第三课时应用想象—创造流程完成第二个教学目标，要求学生自主独立完成。具体教学过程如下。

第一课时教学过程如下。

一、激发兴趣，发现问题

教师通过《疯狂外星人》动画片激发学生对主题的探究热情，师生共同明确探究问题。

二、大胆假设，设计实验

师生通过思维导图的方式设定外星人和人类的对比维度，如生活空间、生存条件、外貌特征、交通工具等，学生按照自己的假设设计具体的研究计划，包括资料来源、使用工具、小组成员、研究时间等。

三、观察现象，收集数据

学生根据教师提供的信息归纳表格，用文字、图片或者绘画等多种方式汇总信息。

四、分析数据，尝试推论

学生组内研读资料尝试推论，教师注意观察学生的学习过程，并提供相应指导。

五、表达交流，归纳总结

各小组通过交流探究结果，对生物体和非生物体有了进一步认识，教师注意点评学生使用的学习方法，并根据各组的表现进行总结。

第二、第三课时教学过程如下。

一、情境引入，确定目标

教师通过总结第一课时外星人身体结构特点引出学生需要完成的任务。

二、头脑风暴，制订方案

师生进行头脑风暴，梳理制作外星人的关键，学生按照自己的设计要求制订方案。

三、分工协作，完成创作

学生按照设计方案进行创造，教师注意提醒学生项目要求（如图3-3）。

四、交流分享，互评提高

教师将作品汇总，学生之间分享设计缘由和改进建议，教师强调学生评价要围绕项目的要求（如图3-4）。

五、总结归纳，拓展延伸

教师总结学生作品的特点，对学生的创造精神给予赞扬，对学生间的互评进行鼓励。

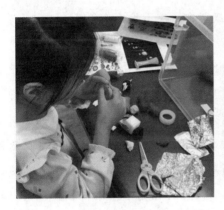 

图 3-3 学生按照设计方案制作"外星人" 图 3-4 投票互评"最喜欢的外星人"

神奇的排笛

本项目是小学一、二年级学生的 STEAM 课程。项目涉及的科学概念是声音的产生、音调和响度，数学概念是测量与比较大小，工程部分涉及方案设计，技术部分考查学生根据物质属性选择最佳的黏合工具。学生在 STEAM 活动中得到培养的关键技能有观察、对比、测量、预测、检验、记录、评价。项目内容是学生借助工具将大小相同的吸管改造成长短不一、等距排列的排笛，通过不同方式吹响排笛，以产生不同的连续音符形成歌曲为最佳。学生在探索吸管发生的过程中理解声音产生的条件是空气震动，了解音调和响度是声音高低和强弱的概念。课前，教师需要准备若干等长的粗吸管，工具包括透明胶带、双面胶、尺子、马克笔、剪刀。

该项目按照模仿—改造流程进行，具体教学环节如下。

一、创设情境，观察体验

教师利用真实的排笛演奏视频引出主题，学生通过观察、体验排笛得出结论，组成排笛的每个吸管发出的音符不同。

二、明确标准，设计方案

教师提出项目目标改造排笛，使它产生不同的音符。师生进行头脑风暴，共同梳理改造排笛的工程步骤和注意事项。学生组内画图设计，设计内容包括排笛样式和如何黏合吸管，从而引出测量问题，以及探索产生不同音符的原因是空气柱在长短不一的吸管中形成不同的音符。

三、选择材料，模仿制作

学生根据设计图进行制作，在制作过程中两个关键的环节是测量吸管长度和黏合吸管。教师要对学生的测量技能进行前测，根据反馈结果进行教授。粘贴吸管考查学生对工具的选择判断能力与合作沟通能力。透明胶带和双面胶的黏合性不同，学生在粘贴过程中经过多次尝试，最后都选用了双面胶，学生通过对比材料的不同属性，根据具体情况做出了适宜的选择，培养了决策力。在黏合吸管过程中学生开始不善于组内合作，认识到个人无法完成任务后开始寻找同伴帮助，从独立到合作的过程使学生明白了合作的意义（如图 3-5、图 3-6）。

图 3-5　学生黏合吸管，测试排笛 1　　图 3-6　学生黏合吸管，测试排笛 2

四、测试性能，优化方案

制作完成后学生首先进行组内测试，教师作为评判员按照七个不同音符的要求进行点评。个别小组音符区别不够明显，原因是吸管没有按照等差数列进行裁剪，但是等差数列的概念超过了学生的最近发展区，教师通过提问启发学生思考并寻找解决办法，而不是代替学生思考直接给出办法，培养了学生问题解决的能力。

五、交流分享，反思拓展

小组展示项目成果，师生总结活动过程中的关键环节，教师进一步提出问题：如何使音符区别度更高？用排笛可以吹出曲子吗？最后，教师用排笛吹奏《小星星》不仅肯定了答案，而且也使学生对排笛的完善和使用产生了无限兴趣。

通过制作排笛，学生不仅学到了 STEAM 知识，而且在反复修改的过程中了解了精准的制作工艺，使作品发挥作用，体会到了项目工程的迭代特性和生活艺术的独特魅力。

第二节　STEAM 活动设计

一、STEAM 活动的现状与问题

目前，在基础教育阶段开展的 STEAM 活动由于受创客教育物化结果的影响以及教师对 STEAM 含义理解的偏差，STEAM 活动出现以"活动导向"和"机械模仿"为代表的两种活动形式误区。"活动导向"的设计使学生忙碌在各种材料和电子技术的体验中，导致学生认为自己的任务只是参与过程，没有问题指引，缺少对材料现象的思考和质疑。"机械模仿"的设计指教师和学生被作品牵制，教师缺少对作品内涵知识的分解和重构能力。上述现象究其原因是 STEAM 教育与传统授课方式和评价方式的冲突。STEAM 强调模糊的过程和明确的结果，学生通过实践探究解决问题的方法，但知识经验和学习风格的差异性决定了学生探究过程的多样性和结果表征的丰富性。[①] 传统的讲授式授课和标准化评价不能满足教师和学生在 STEAM 活动的体验。因此，基于上述对 STEAM 教育和对学生认知特点的分析，汲取逆向设计模型重构了基于学生理解的 STEAM 活动框架。

二、STEAM 活动的基本框架

（一）逆向设计

逆向设计是由美国课程专家格兰特·威金斯和杰伊·麦克泰格创立并逐渐完善成型的教学设计模式。它是一种用于单元课程的设计过程，整个过程分为三个阶段，如图 3-7 所示。[②]

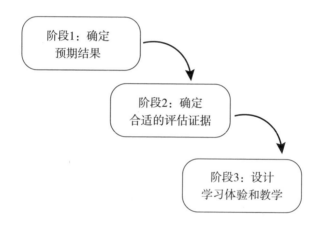

图 3-7 逆向设计过程的三个阶段

第一，确定预期结果，即学生应该知道什么、能够做什么、什么内容值得理解。我们思考教学目标，查看内容标准，检验课程的预期结果。这一环节是设计过程的关键，需要确定学生学习迁移的能力、意义建构的内容和需要掌握的知识与技能。

第二，确定合适的评估证据，即如何知道学生是否已经达到了预期结

---

① ［美］罗伯特·M·卡普拉罗、玛丽·玛格丽特·卡普拉罗、詹姆斯·R·摩根：《基于项目的 STEM 学习　一种整合科学、技术、工程和数学的学习方式 》，34～36 页，上海，上海科技教育出版社，2016。

② ［美］格兰特·威金斯、杰伊·麦克泰格：《追求理解的教学设计（第二版）》，18～24页，上海，华东师范大学出版社，2017。

果、哪些证据能够证明学生的理解和掌握程度。逆向设计根据收集的评估证据来思考课程，而不是简单地根据学习内容或者一系列活动来思考课程。这一评估环节在了解学生反馈情况的基础上能够进一步指导后续教学，主要是确定评估方式、设计真实的情境任务和制定评估量表三个任务。

第三，设计学习体验和教学，即在明确教学目标和合适的评估证据后，全面思考适合的教学活动。逆向设计列出了关键的活动要素，即目标—兴趣—探究—反思—评价—设计—组织 WHERETO。[①]

(二)活动框架

为什么 STEAM 活动设计要逆向进行？在传统的教学活动设计中，教师以演绎的方式安排活动任务。教师在设计活动时，往往依据课本内容安排设计演绎的方式，安排活动任务，以覆盖教材的方式将知识点包含在整节活动中，学生得到的是零散而宽泛的知识碎片，知识间的有机联系缺少桥梁，学习内容有广度没有深度，这也是目前 STEAM 课程呈现出"活动导向"的直接原因。[②] 而 STEAM 教育是学生针对真实问题或现象的探究，运用已有知识经验发现新的知识并建构新的意义，解决当前面临的问题，学生主动归纳的学习思维有别于传统的演绎式教学。

当前教师对活动设计的投入本末倒置，用更多的时间去寻找活动材料而不是确定学生需要理解的核心问题，即简单地将 STEAM 课程理解为手工制作课、科技体验课，而没有认识到 STEAM 教育是一种教学思想和教学策略。尤其是低年级学生天生的好奇心和行为自控力不足，丰富多彩的材料不仅干扰他们对关键问题的深入思考，影响课堂氛围，还会直接影响学习效果。所以，我们借鉴逆向设计逻辑框架将习惯的活动设计思路进行"翻转"，我们强调教师在设计体验活动前，抓住核心问题挖掘其学科核心概念和跨学科概念，基于大概念的设计才能将 STEAM 知识表征在一个有

[①] 吴新静、盛群力：《理解为先促进设计模式——一种理解性教学设计的框架》，载《当代教师教育》，2017(2)。

[②] 张茉、王巍、袁磊：《幼儿园 STEAM 教育的活动设计研究》，载《现代远距离教育》，2018(4)。

机的问题系统中。另外，STEAM 教育强调明确的结果和模糊的过程，教师在学生开展探究活动前，需要确定学生哪些表现能够证明理解了学习内容，以使教学目标和教学评价协调一致。教师在确定了理解目标和评估证据的基础上，根据学生的认知特征安排恰当的学习体验过程，STEAM 教师通过观察捕捉学生有价值的反馈信息进行再次加工，以优化本次 STEAM 活动主题或再次衍生相关的活动主题。至此一个完整的 STEAM 活动设计结束。如图 3-8 是完整的 STEAM 活动设计基本框架。①

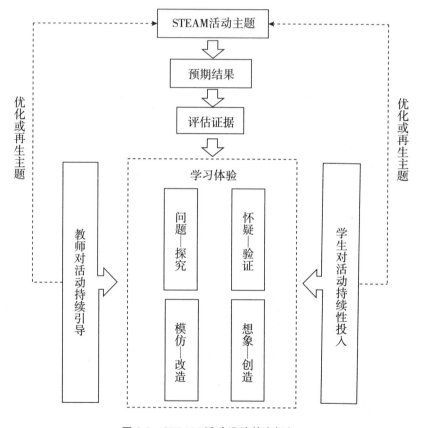

图 3-8　STEAM 活动设计基本框架

下面，我们将详细阐述 STEAM 活动每个设计阶段的设计依据和意图。

①　张荣、王巍、袁磊：《幼儿园 STEAM 教育的活动设计研究》，载《现代远距离教育》，2018(4)。

1. 预期结果和评估证据

现阶段国内 STEAM 教育没有统一的课程标准，但是 2017 年版《义务教育小学科学课程标准》（以下简称《标准》）中专门提到了 STEAM 教育，且对工程教育、技术教育内容给出了明确的教学指导建议。美国《下一代科学教育标准》可以为 STEAM 教育中的工程和技术领域的教育目标提供详细指导。另外，STEAM 教育中数学(M)、艺术(A)内容可以参考相关学科的课程标准，包括义务教育小学数学、音乐、美术课程标准。学生在从认识、操作到熟练应用技术工作的过程中，其手指精细动作得到充分锻炼，小组合作完成任务促进了同伴间的友好相处，有利于小学生社会性的发展。基于上述的参考标准以及"儿童多元发展为本"的教育理念，形成了以儿童真实性评价为主的幼儿园 STEAM 教育评估依据。具体来说，以探究兴趣、识别问题、实践应用、问题解决、表现与创造、合作交流等为评价维度，为教师设计有效的 STEAM 活动提供证据。

2. 学习体验与师生角色关系

教师在确定预期结果和评估证据后，参考逆向设计的第三阶段的学习体验活动关键要素，根据学生的认知特点和 STEAM 知识类型选择恰当的活动程序。问题—探究和怀疑—验证主要培养学生的探究兴趣，教师鼓励学生的探究行为。在探究过程中，数据的收集和分析要以教师为主导，教师要善于结合游戏创设轻松的学习氛围，使学生对科学产生强烈的学习欲望。在模仿—改造和想象—创造两类教学活动中，学生的知识迁移能力和解决问题能力得到提高，但是学习结果往往没有标准化方案，学生在活动过程中逐渐体现出主动学习的意愿，教师从 STEAM 素养培养的视角鼓励学生敢于质疑，坚持实事求是的科学态度，锻炼并规范基本的科学技能，有助于学生抽象逻辑的发展和成熟，为后续的学习打下基础。

第三节　活动主题的来源与演变发展

基于逆向设计的活动框架为教师设计 STEAM 体验活动提供了参考，活动主题的来源和如何演化发展受很多因素的影响，生成和活动材料投放也直接影响儿童 STEAM 素养的培养。下面，我们就 STEAM 教育活动中主题生成和材料投放提出如下建议。

一、活动主题的来源主体与生成途径

（一）来源主体

儿童具有与生俱来的好奇心和探究热情，是天生的科学家和发明家。他们对客观真实世界的认识和改造与科学家们一样，只不过儿童探索的领域是成人已经知道的事实。项目式学习和 STEAM 课程的共同特点是关注现实世界的真实问题，来自真实世界的问题能够唤醒儿童的先前经验，从而引发认知冲突，有利于儿童进一步完成同化或顺应。

项目主题发现者可以是教师和儿童两个主体，师生都可以作为 STEAM 项目活动的发起者，但是一般情况下，STEAM 教师更具备教学敏感性和 STEAM 意识。考虑实践可行性和教学效果，教师在主题确定时虽然占据主导地位，但不能忽视儿童主动发现的价值，教师要善于捕捉儿童有价值的发现，通过设计加工呈现给儿童具有学习价值的项目主题。经过多个阶段的项目学习形成的项目成果，无论是探寻未知领域的规律还是创新改造已知世界，儿童的真实世界都将因为明确的项目结果而发生变化。所以，学生为主题的来源和生成起到了发现和促进的作用，教师为 STEAM 主题的聚焦和生成起到了关键作用。

（二）来源途径

一方面，除了活动主题的来源主体外，STEAM 活动的丰富性、复杂性决定了物化来源途径的多元化，一般情况下教材是 STEAM 主题的首选资源，教师同时也可以对教材进行相关主题的二次开发。另一方面，秉持 STEAM 教育是解决生活中实际问题的原则，家庭、学校、社区、城市都有机会成为具有研究价值的活动主题来源。

1.在动态活动中发现

学校的资源建设尤其在学习空间、学习资源方面为师生提供了丰富的、多元的情境化资源。例如，儿童在搭建类活动中出现建筑不稳固的问题，"如何用材料搭建一个稳固的建筑"可以成为一次有意义的探究活动，教师可以将活动情境与儿童经验结合，同时基于"稳固"的核心概念以替换活动材料和情境迁移的方式，探究如何用吸管、雪糕棍等其他材料为小动物搭建一个"家"等。儿童在此类活动中不仅需要工程设计和使用技术完成设计方案，而且需要了解小动物的身体特征和生活习性来确定"家"的大小，进一步将科学和数学知识有机地融入问题情境，同时儿童对工程作品进行装饰设计，在交流分享中丰富语言词汇，锻炼表达能力，提升自信心和自我效能感。

　　2. 在静态课堂中生成

　　在静态课堂中生成主要指在 STEAM 活动进行过程中教师及时捕捉儿童生成有价值的问题，进一步开发新的 STEAM 活动主题。虽然打乱了原定的教学规划，但是有利于儿童对问题的深入探究和高阶思维能力的培养。例如，教师在带领儿童学习不同物体沉与浮的过程中，儿童提出如何将水中混在一起的物品分离，教师可以延续这个问题开发 STEAM 项目"制作简易净水器"。这不仅满足了儿童的探究欲望，而且还使儿童了解了有关水资源的社会性问题，有利于培养儿童的环保意识和社会责任感。

二、主题演变发展原则

　　学校推动 STEAM 教育活动困难的原因是复杂的，其中缺乏专业的 STEAM 教师是关键因素，这一问题我们在下一章中将重点阐述。但是缺乏专业的 STEAM 教师不是我国独有的难题，而是国际上所有开展 STEAM 教育的国家的共性，这一问题随着 STEAM 教育的深入发展终将得到解决。当前非专业 STEAM 教师设计并实施 STEAM 主题活动的难点将直接影响我国 STEAM 教育的未来。

　　传统的教育理念使教师沉迷于让学生对事实性知识的反复训练中，使影响学生未来学习的高阶思维能力的培养一直处于灰色地带。究其原因，一方面是现有教育评价体制的影响，另一方面是教师对宽泛的课程标准和教材中有限的知识案例缺少整合性解读。儿童的 STEAM 课程按照广域课程模式以项目活动为载体，突出各学科的核心概念和核心技能，使学生在完成项目的综合实践活动中理解概念，掌握技能和方法。[①] 核心概念不是用

---

　　① 余胜泉、胡翔：《STEM 教育理念与跨学科整合模式》，载《开放教育研究》，2015(4)。

来让儿童背诵的，而是教师用来设计教学活动的有效工具。教师围绕核心概念和关键技能设计项目主题能够将以往支离琐碎的事实和定理联系起来，使学生通过对客体的直接经验理解概念和提高技能。我国在 2017 年秋季从小学一年级开始进行科学教育，《标准》中提出了实施 STEAM 活动的教育建议，但是建议的可操作性不强，笼统地阐述了在科学教育中融入 STEAM 教育理念和探索 STEAM 教育的实践。美国《下一代科学教育标准》中列出了不同学段学生应该掌握的核心概念、科学与工程实践、跨学科概念(详见表 3-1)，以综合性、缜密性、连贯性、灵活性为标准。本书认为，美国《下一代科学教育标准》中的学科核心概念和科学与工程实践在我国科学教育标准中均有界定，但是跨学科概念对我国科学教师、STEAM 教师更具有指导意义，以学科核心概念、科学与工程实践、跨学科概念为轴心内容培养学生的 STEAM 素养，不仅有利于学生掌握 STEAM 知识和技能，还有利于教师筛选出有价值的内容并进一步进行拓展延伸，为学生提供可发展高阶思维能力的深度学习活动。

表 3-1　美国《下一代科学教育标准》中的跨学科概念

跨学科概念	含义
规模	比例和数量——考虑现象的时候，意识到在不同的尺寸、时间和能量规模上什么是非常关键的，另外，当规模变化时能识别出不同数量之间的比重关系。
模型	在自然中观测指导着组织和分类以及促进关于关系和它们背后的原因的问题。
结构和功能	一个物体被塑造或者被构造的方式决定了它的很多特性和功能。
原因和结果	机制和预测——事件有起因，一些时候是简单的，一些时候是多层面的。解释因果关系以及它们的调解机制，是科学和工程上的主要活动。
稳定和变化	对于被设计的和自然的系统来说，影响稳定性的条件和控制变化比率的因素是考虑和理解的关键因素。
系统和交互作用	一个系统是由相关物体和部分组成的群体；模型可以被用来理解和预测系统的行为。
能量循环	跟踪能量、物质流，输入、输出，以及在系统中，帮助人们理解系统的行为。

三、活动材料的选择与投放

STEAM 课程强调儿童对具体问题的体验探究和实践，所以 STEAM 教师对活动材料的选择和投放要遵循以下原则。

（一）材料选择原则

第一，活动材料的选择要促进儿童多方面智能的发展。实物材料的形象程度决定儿童对抽象概念的理解能力，这是儿童主动将实践活动和抽象概念进行意义建构的重要桥梁。材料工具和学习支架等学习资源，能够发展儿童的语言能力，丰富其词汇量，帮助儿童准确使用句式。技术工具类材料要为儿童提供安全性示范，儿童在观察中领悟操作要领，保证独立使用的安全性和有效性，如低年级学生使用剪刀沿轮廓剪出由曲线构成的圆形，做到边线平滑、大小吻合。

第二，活动材料来源于实际生活，有利于扩展活动范围，促进知识迁移。对于小学阶段尤其是低年级的 STEAM 课程，高精尖技术并不是必需品，但是儿童要具备利用现代技术优化学习生活的意识 。

第三，活动材料的结构化程度要符合教育目标。材料层次过于丰富，会干扰儿童的判断和选择，不利于问题解决过程中儿童的深度思考。适量的试误性操作可以增加任务的挑战性，激发儿童探究科学的兴趣，但儿童积累过多的失败感，会增加学习困难体验的风险。

（二）材料投放原则

色彩丰富、形状奇特的活动材料具有分散学生注意力的特点，在观察体验和动手操作前，教师选择恰当的投放时间，采取分层次投放的方式，来降低材料对儿童不可控行为的刺激，从而保证课堂秩序，使 STEAM 活动顺利进行。

第四章　儿童 STEAM 教育的师资培养

第一节　STEAM 教师发展现状

　　STEAM 师资的培养在 STEAM 教育改革中起着举足轻重的作用，是 STEAM 教育改革中的核心力量。教师是 STEAM 教育活动的策划者、设计者、组织者和实施者，他们直接影响着 STEAM 教育的实施过程。良好的 STEAM 教育是保证 STEAM 人才培养的基础，而保证 STEAM 教育质量的前提是建立优秀的 STEAM 师资队伍。没有高质量的 STEAM 师资储备，势必会阻碍 STEAM 教育改革的进程。STEAM 教育对教师提出了更高的要求，不仅要求教师具有科学、技术、工程、艺术、数学的相关专业知识，还要求教师具备课程整合的思维和能力，同时还要求教师具备活动设计与实施的技能。从中国的整体现状来看，我国 STEAM 教师存在着教师培养数量和供给总量不足、教师培养体系不健全、在职教师专业发展支持不足等诸多问题，制约着我国 STEAM 教育的发展。在 STEAM 教育改革的浪潮下，世界各国十分注重 STEAM 师资的培养，且各具特色。本节主要分为两部分内容：第一，介绍美国、德国、英国、日本的 STEAM 教师发展现状，总结各国的师资培养特点；第二，通过分析我国的 STEAM 师资培养政策以及问题，阐述我国 STEAM 教师的发展现状。

一、国外 STEAM 教师发展现状

(一)美国

STEAM 教育改革是美国基础教育改革中的重要组成部分，改革过程中 STEAM 师资的培养起着举足轻重的作用。美国社会各界都在关注 STEAM 教师的培养，为了保证 STEAM 教育改革的顺利进行，美国政府从法律、财政、社会力量等多方面，鼓励和促进 STEAM 师资的发展。然而，STEAM 教师数量供不应求、教师流失严重、教师资质欠缺等问题一直是美国 STEAM 师资发展中较为显著的问题。

美国国家教育统计中心发布的数据显示，1999—2000 年美国初等教育教师中数学教师数量约为 2.3 万人，科学教师数量约为 1.1 万人，2015—2016 年美国初等教育教师中数学教师数量约为 4.2 万人，科学教师数量约为 2.5 万人，美国初等教育 STEAM 相关课程的教师的总体规模呈逐年上升的趋势，如表 4-1 所示。然而，美国的初等教育中的 STEAM 教师人数仍存在明显的短缺。该报告显示，2016 年美国的初等教育入学人数为 355 万人，且今后数量呈增长趋势。随着 STEAM 教育在初等教育中的规模逐步扩大，美国初等教育中的 STEAM 师资供不应求的问题将更为突出。

表 4-1　美国初等教育数学、科学教师数量变化　　　　单位：千人

	1999—2000 年	2003—2004 年	2007—2008 年	2011—2012 年	2015—2016 年
数学教师数量	23	19	28	32	42
科学教师数量	11	19	15	18	25

同时，STEAM 教师流失严重也加剧了美国 STEAM 教师供求关系不平衡的问题。美国总统科学技术顾问委员会 2010 年 10 月发布的报告指出，近年来每年全美所有教师中有将近 2.5 万的数学以及科学教师离职，其中只有不到三分之一的人为退休人员，近三分之二的人因对工作不满而离职。这与美国 STEAM 教师的地位不高以及工资薪酬缺乏吸引力有着密切的关系。美国 STEAM 教师的供求关系不平衡、离职率高，使得在美国 STEAM 教

育领域中"门外汉教师"现象普遍存在。许多从事 STEAM 教育相关课程的教师，其任教学科与其专业学科缺乏一致性，教师的资质欠缺，兼职问题严重。

美国政府为解决上述问题，培养 STEAM 师资，从立法保障、财政支持、设立多元的培养项目等不同角度采取了措施。首先，美国政府先后出台了 STEAM 教师培养的相关法案，如《有效的 STEM 教学法案》《STEM 教育与指导支持法案》《STEM 优秀教师队伍建设法案》《全美 STEM 教师税收激励法案》等，将 STEAM 教师的培养上升至立法的高度。美国政府通过立法不仅显示了 STEAM 教师培养在教育改革中的重要性，还为教师培养的顺利进行提供了法律保障。同时，美国联邦政府还从财政上支持 STEAM 教师的培养。2015 年的 STEAM 教育相关的财政预算中有 4000 万美元用于支持未来 10 年储备 10 万名优秀 STEAM 教师的计划，2000 万美元用于推动 STEAM 名师团队计划，1.1 亿美元用于建立 STEAM 创新网络的项目。

在美国政府立法和财政的双重保障下，丰富多彩的 STEAM 教师的职前以及在职培养项目应运而生，如美国得克萨斯大学奥斯汀分校的 UTeach 项目、俄勒冈州的教师准备项目、加州的科学教师及研究项目等。UTeach 项目，实行高等院校、文理学院和当地学校共同合作的培养模式，提供 STEAM 专业的知识，目的是培养学术性和师范性兼备的基础教育阶段优秀的 STEAM 教师，本科生修业合格后，可同时获得学士学位证书和教师资格证书。[①] 教师准备项目面向刚毕业即将成为 3~12 年级的准 STEAM 教师，该项目以"教学中的知识增加"为目标，将学校、学习者、课程、学科知识、教学法等方面的各种知识整合起来，并为参与者提供实习机会及在科学、数学教学方面给予明确的技术指导。科学教师及研究项目则专门针对未来 STEAM 教师以及刚刚入职 STEAM 教育的"新鲜"教师，通过专业研究经历加强 STEAM 教师教育。项目为以上对象提供进入国家实验室的

---

① 刘海艳：《美国 K-12 阶段 STEM 教师专业发展研究》，硕士学位论文，哈尔滨师范大学，2017。

优先权，并为其提供参与科学研究或工程设计实践的机会，强化了对参与教师的身份认同。[①]

由上可知，虽然美国国内存在 STEAM 教师数量供不应求、教师流失严重、教师资质欠缺等问题，但是美国政府从立法和财政上提供大力支持，通过各种项目支持 STEAM 教师的培养，显示了其师资培养的特点。

(二)德国

在世界各经济强国大力发展 STEAM 教育的背景下，德国也把 STEAM 教育作为人才培养和提高国际竞争力的关键举措，德国版的 STEAM 教育为 MINT 教育。MINT 教育是数学(Mathematik)、信息工程(Informatik)、自然科学(Naturwissenschaft)及技术(Technik)的简称。MINT 学科是当前德国经济创新领域的中坚力量，德国强大的经济实力依托 MINT 学科的发展，同时经济发展对 MINT 专业人才的需求又促进了 MINT 教育的发展。[②]德国开展 MINT 教育的主要动因是缺乏高质量的 MINT 劳动力，据统计，2012 年德国仅工程师的缺口就高达 10 万人。[③] 因此，德国开展的 MINT 教育与职业教育紧密挂钩，主要目标是吸引优秀的学生在数学、信息、自然科学和技术类相关专业深造，进而在相关岗位就业。

德国是教师教育高度发达的国家，职前教师教育体系更是处于世界领先地位。规范的教师教育体系为德国培养了一大批高质量的教师，其中中小学教师的培养更具有一套严格、规范的模式。德国的教师培养场所主要是大学(包括综合性大学和其他学术性高等大学)，德国对中小学教师的培养与其复杂的学校教育体制相适应。不同类型的教师职前培养模式和课程体系有所不同，但都包含修业和见习这两个阶段。修业阶段较注重理论知识的学习，学习期限为 7~9 学期，见习阶段主要为实际教学能力的培养，

---

① 王新燕、陈晨：《美国 STEM 教师培养的主要经验及其启示》，载《师资建设》，2018(2)。

② 朱婕：《MINT 教育：德国经济发展的内驱动》，载《开封教育学院学报》，2019(3)。

③ 陈强、赵一青、常旭华：《世界主要国家的 STEM 教育及实施策略》，载《中国科技论坛》，2017(10)。

学习期限为 18～24 学期。

师范生在进入修业阶段之前还需参加中学毕业证书考试，获得高等教育入学资格才能进入高等教育开始修业阶段的学习。修业阶段结束时还得参加国家考试，只有通过国家考试后，才能获取申请进入见习学校开始见习阶段。可见，修业阶段在德国教师培养体系中起着承前启后的重要作用，决定着师范生是否能够进入见习阶段。在修业阶段，师范生需要完成专业学科学习、教育科学学习、教学实践活动以及毕业论文的撰写等。其中，专业学科的学习指师范生对今后执教学科的专业知识的学习，包含了生物、地理、化学、数学等 STEAM 相关学科。一般而言，各高等教育机构对未来进入中等教育阶段学校执教的学生修习的专业学科数的要求为两门，而未来进入小学和主干中学执教的学生则需修习三至四门专业学科。①

综上所述，德国对 STEAM 教师的培养特点有两点。第一点是通过修学阶段与见习阶段这样的分阶段培养模式来长期培养教师，既注重专业知识的学习又重视教学实践，从而提高师资质量。第二点是严格的师资认证系统。只有中学毕业的学生才有资格进入大学成为师范生，师范生在完成修学阶段后还要通过国家考试，才能进入见习阶段的学习。

（三）英国

随着 21 世纪的到来，英国出现了学生 PISA 排名下降、优势学科下滑等问题，英国政府非常注重本国的教育改革，为改善该状况先后发布了《2004—2014 年科学与创新投入框架》《科学与数学教育愿景》《建立我们的工业战略绿皮书》等与 STEAM 教育有关的文件报告，规划了英国 STEAM 教育的战略目标，促进本国 STEAM 教育的开展。但是，在英国的 STEAM 教师培养中也存在着专业 STEAM 师资不足的问题。英国教师工会调查研究发现，教师在社会上的地位偏低，大多数教师对自己当下的工作有一定程度的不满意，同时调查还显示学校具备专业学科资格的教师较少，学科

① 覃丽君：《德国教师教育研究》，博士学位论文，西南大学，2014。

专家型教师严重匮乏，这直接导致教育质量的下滑。①

《科学与数学教育愿景》中也强调了提升教师地位，促进教师专业发展的内容。该报告建议学校应重视教师专业知识和技能的培养，强调教师必须具备与学科相符的专业知识，以满足教学的需要。同时，建议将教师的晋升与职业发展挂钩，促使教师提升专业水平，促进学科专家型教师的成长。为补充 STEAM 教师队伍，2011 年英国推出了"教学转变项目"培训 STEAM 教师。此项目的主要目的是招募在中学教授数学、科学和信息技术的学科教师，项目为对物理、化学和数学感兴趣的人士提供培训课程。合格的候选人必须具有科学、技术、工程数学和相关专业的学位，并且有雇主提供推荐信。②

英国的 STEAM 教师的职前培养方案大体可分为全日制的教育学士学位课程方案以及一年制的本科教育后教育证书课程方案。前者主要培养幼儿园和小学的师资力量，多以四年学制为主，学习的内容包括学科专业和教育专业。后者是学生在取得本科文凭后再学习一年的教育类课程。

英国 STEAM 师资培养体现的主要特点是注重学科专家型教师的培养，重视 STEAM 教师的质量，且其职前培养方案具有选择性，在培养本科师范生的同时，也给非师范类学生但在本科取得 STEAM 相关领域专业文凭的学生提供了成为 STEAM 教师的渠道。

(四)日本

日本在 STEAM 领域专业人才缺口并不十分严重，其加强 STEAM 教育的目的是提高学生的学业成绩。因此，可以说推动日本国内 STEAM 教育改革的核心因素是国内学生的学业成绩，特别是国际比较测试中的成绩。

---

① 冯冬雪：《STEM 教育的国际比较研究》，硕士学位论文，河南师范大学，2018。
② 孙维、马永红、朱秀丽：《欧洲 STEM 教育推进政策研究及启示》，载《中国电化教育》，2018(3)。

日本文部科学省发布的文件显示，2003 年日本学生在数学和科学方面的 PISA 排名分别为世界第三、世界第六。虽然处于世界领先水平，但是与 2000 年相比排名有了大幅度的下滑，2000 年日本学生的数学和科学方面的 PISA 排名分别为世界第一和第二。日本将其在 PISA 上的急退原因归结为基础教育的薄弱，并开始关注美国的 STEAM 教育，以寻求解决的途径。①

　　在日本的政策文件中虽鲜有提及 STEAM 教育，但这并不意味着日本不注重 STEAM 教育。日本在引入 STEAM 教育之前，就有一套与 STEAM 教育类似的科学技术人才培养政策和方式。例如，《科学技术基本计划》，SSH(Super Science Highschool)事业以及《学习指导要领》等相关文件。并且，日本政府考虑到美国的 STEAM 教育与自身教育的理念冲突，在 STEAM 教育本土化过程中并非全盘照抄美国模式，态度比较谨慎。日本政府非常重视 STEAM 教师的培养，并且强调大学、科研机构、企业等多方面共同参与的培养方式。2002 年，日本成立了 STEAM 教育研究中心，该中心的目的之一就是通过各方面的合作培养今后能够胜任 STEAM 教育相关课程的教师。研究中心定期开展名为"机器人与未来"的研究会，其活动以大学教育学部为中心开展，为志向成为教师的学生提供了实践学习的场所。也有大学的教育专家通过让教育学部（理科教育专业）的大学生参与 STEAM 教育的研究项目，以期培养其 STEAM 教育的能力。例如，珠山信昭的研究团队让学生参与了以地区产业为主题的 STEAM 教材的开发过程，形成了一个如图 4-1 所示的以 STEAM 教育为核心，基于地方产业的教材开发、教师培养和教学应用的模式。

---

① 杨亚平：《美国、德国与日本中小学 STEM 教育比较研究》，载《外国中小学教育》，2015(8)。

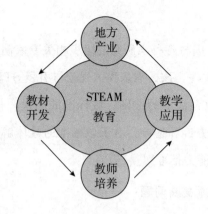

图 4-1　基于地方产业的 STEAM 教育模式

　　日本的 STEAM 师资培养的特点主要为大学、研究机构、企业等社会多方面力量的合作机制。这一特点使其师资最终不仅能够适应 STEAM 课程的授课，而且还为地方产业的人才培养提供了可靠的保障。

二、我国 STEAM 教师发展现状

(一)STEAM 教师发展政策

　　STEAM 教育关系到我国今后创新人才的培养，对国家的发展有着非常重要的战略意义。在 STEAM 教育开展过程中，壮大 STEAM 师资力量，培养高质量的 STEAM 教师，提高 STEAM 教师素养，关系到 STEAM 教育建设的成败。随着 STEAM 教育越来越受到教育界的关注，我国政府也紧跟时代潮流，制定了相关的 STEAM 教育发展政策，积极优化 STEAM 教师培养的政策环境。

　　《中国 STEM 教育 2029 创新行动计划》中提到了 STEAM 师资培养平台的建设。该计划指出，为了实现 STEAM 教育的教育目标，需要加强具有跨学科背景的师资力量的培养，尤其是在 STEAM 教育相对落后的地区和群体的师资培训中，要帮助教师获得多学科 STEAM 学习经验，提高关于科学、数学和技术的本质认识和科学素养。该计划还将成立专业师训平台，吸引更多高校及地区教师培训机构的加入，共同打造 STEAM 教师培训

高地。

2017 年 9 月，中国教育科学研究院组织相关专家制定了《STEM 教师能力等级标准（试行）》文件。该标准是我国规范与引领 STEM 教师在教育教学中有效开展 STEM 教育活动的准则。该标准的问世，标志着我国 STEAM 教育培养有了根本的方针和指导。对于该标准的具体解读请参见下一节（第二节　STEAM 教师能力标准解读）内容。

(二)STEAM 教师发展问题

虽然我国政府重视和鼓励 STEAM 师资力量的壮大，但在这个过程中的一些问题仍较为突出。和上文所述的美国的现状相似，我国在 STEAM 教师培养中也存在着明显的供不应求、培养总量不足的问题。《中国 STEM 教育白皮书》中提到 STEAM 教育目前在学校实施过程中面临的最大瓶颈就是教师问题。目前，我国小学科学课程增加了 STEAM 内容，但同时面临着双缺口的问题：科学教师的数量严重不足；鲜有的科学教师并不能胜任 STEAM 的教学工作。

STEAM 教师培养场所单一，是导致我国 STEAM 教师培养数量供不应求的一大原因。我国 STEAM 教师的培养主要由高等师范大学以及师范学院负责，缺乏社会联动的培养机制。师范类院校所培养的师资有限，单一的培养场所限定了 STEAM 教师数量的增长。并且，大多数学校在人才培养上采用分学科、分专业的培养模式，这与 STEAM 教育跨学科理念存在较大的冲突，这也导致师范类院校培养出来的 STEAM 教师也欠缺 STEAM 教师应具备的素养和能力。同时，我国对在职教师的 STEAM 培训机制仍未完善，这导致在职教师较难获得知识技能上的提升，加剧了 STEAM 教师数量缺口大的现象。

高校缺乏 STEAM 教育专业设置与课程体系也是我国 STEAM 教师发展中面临的一大问题。即使是担任我国师资培养主力军的师范类院校也鲜有开设 STEAM 教育的相关课程，而且还没有形成一套为培养 STEAM 师资服务的完整的课程体系。我国高校教育的改革，仍未突破人才培养上专业限定、学历限定的壁垒。专业限定的壁垒造成了许多即使对 STEAM 教育相关课程感兴趣的学生，因原专业限制，无法选修或者系统学习与 STEAM 教育相关课程的问题。学历限定的壁垒造成了在职教师无法主动学习大学中的 STEAM 教育课程，只能被动等待政府组织的培训项目，在短期培训中接触相关内容。

　　另外，缺少 STEAM 教师准入制度，还未形成具体的 STEAM 教师资格认定和评价体系，也是我国 STEAM 教师发展中的突出问题。完善的 STEAM 教师准入制度、系统的 STEAM 教师资格认定，是保证 STEAM 教师质量的基础。如果缺乏教师准入制度与资格认定，那么 STEAM 教师培养将变得随意性极强，培养目标定位不明确，STEAM 师资的质量难以得到保证。"门外汉"现象的出现，也主要起因于缺乏 STEAM 教师准入制度与资格认定。

第二节　STEAM 教师能力标准解读

　　STEAM 教育发展的核心支撑是优秀教师的充足供给以及教师能力的不断提升。STEAM 教育强调跨学科，课程整合，依托基于项目的学习活动，因此对教师的能力要求更高。作为一名优秀的 STEAM 教师，不仅需要具备扎实的专业功底，而且还需要具备整合课程的设计理念与能力。2017 年 6 月，中国教育科学研究院成立了 STEM 教育研究中心，致力于发挥 STEM 教育在促进科技创新和提高国家竞争力中的基础性和先导性作用。中心成立后对 STEM 领域进行了广泛而深刻的研究，其中一项科研成果便是制定并发布了《STEM 教师能力等级标准》。该文件通过了 2017 年 9 月中国教育科学研究院成立的 STEM 教育研究中心组织召开的《STEM 教师能力等级标准（征求意见稿）》专家论证会，于 2018 年 5 月以《STEM 教师能力等级标准

（试行）》的形式发布。该文件从总则、基本理念、指标体系、实施建议四大方面对 STEM 教师需要掌握的专业知识和专业技能及实践操作等方面提出了指导意见。本节的第一小节为《STEM 教师能力等级标准（试行）》的具体内容，第二小节为对《STEM 教师能力等级标准（试行）》中的 STEAM 教师所需具备的能力的解读。

一、《STEM 教师能力等级标准（试行）》

STEM 教师是指从事科学、技术、工程、数学及相关学科的教育工作，并进行跨学科整合教学的专业人员。为建设高素质 STEM 教育专业队伍，促进我国 STEM 教育有效开展，发挥 STEM 教育扩展与深化学科教育、提供跨学科研究与实践、培养学生高阶思维，以及促进创新型人才培养的作用，解决当前 STEM 专业教师专业发展缺少依据的问题，中国教育科学研究院组织相关专家制定了《STEM 教师能力等级标准（试行）》。

（一）总则

《STEM 教师能力等级标准（试行）》是规范与引领 STEM 教师在教育教学中有效开展 STEM 教育活动的准则，可作为各学校开展 STEM 教育、STEM 教师培训、STEM 教师评价等工作的重要依据。

《STEM 教师能力等级标准（试行）》依据《中华人民共和国教师法》，在参考国内外相关政策文件的基础上，结合我国 STEM 教育发展实际，从 STEM 教育价值理解、STEM 学科基础、STEM 跨学科理解与实践、STEM 课程开发与整合、STEM 教学实施与评价五个维度对 STEM 教师提出了明确的要求。其中，前三个维度是对 STEM 教师的职业道德、专业知识、跨学科理解等个人禀赋及素养的评价指标，后两个指标是对 STEM 教师在课程开发、教学实施、反馈评价、环境创设等有关 STEM 教育环节的评价指标。《STEM 教师能力等级标准（试行）》充分体现了对 STEM 教师德才兼备、知行合一、内外兼修的素质要求。

(二)基本理念

STEM 教师应具备良好的职业道德，掌握系统的专业知识和专业技能，并在教学实践中不断追求更高的教育教学水平，这是保证 STEM 教育持续有效开展的基础和前提。制定科学的符合本国国情的教师专业标准是推动 STEM 教育发展战略的重要内容，也是国际教师教育改革的一个普遍趋势。《STEM 教师能力等级标准(试行)》的制定体现了以下理念。

一是 STEM 教育价值理解层面，规定了教师为学生有效学习而应当达到的知识理解水平，即要理解 STEM 教育、理解学生和理解科学教学。

二是 STEM 学科及整合层面，要求教师具备相关学科基础，并具备进行科学探究和指导学生的科学探究能力，通过跨学科整合 STEM 教育资源，具备解决无法用单一学科或研究领域解决的现实问题的能力。

三是教学能力层面，要求教师在开发整合有关 STEM 课程的基础上，通过实施教学，促进学生学习科学及工程学科，帮助学生形成科学及工程的思维和素养。

四是专业发展层面，要求教师不断地进行自我专业发展，通过自我反思和评价，改进教学实践，提升专业化水平。

《STEM 教师能力等级标准(试行)》不仅充分体现了国际 STEM 教育对从业教师的要求，同时结合中国 STEM 教育实际做了拓展和延伸，对 STEM 教师需要掌握的专业知识和专业技能及实践操作等方面提出了具体而实用的指导意见，能有效促进 STEM 教师队伍的专业化发展，同时也为推进 STEM 师资培训的标准化提供了框架和依据。

(三)指标体系

基于国际 STEM 发展经验，结合我国教育发展现状，《STEM 教师能力等级标准(试行)》建立了包含 5 个维度、14 个类别、35 条内容的 STEM 教师能力指标体系，详见表 4-2。

表 4-2 STEM 教师能力指标体系

维度	类别	内容
一、STEM 教育价值理解	(一)STEM 教师理解	1. 热爱 STEM 教育事业,能够从国家人才战略层面认识 STEM 教育的意义和价值。 2. 把握 STEM 教育理念、研究 STEM 教育规律,通过 STEM 相关的知识学习、教学实践、反思创新,提升专业化水平,不断增进 STEM 教育的专业情感、提高师德修养。
	(二)STEM 教学理解	3. 从 STEM 教育的角度提炼、挖掘所任教学科的育人价值。 4. 理解 STEM 课程在学校课程体系中的位置,正确处理 STEM 课程与相关学科、综合实践活动等其他课程之间的关系。 5. 关注国内外 STEM 教育理论与实践的最新进展,将 STEM 专业知识、STEM 教育理论、STEM 教学规律和 STEM 教育实践有机结合,掌握 STEM 课程有效实施的原则。
	(三)STEM 培养对象理解	6. 明晰学生应具备的 STEM 素养的内涵及其结构体系,把握 STEM 教育对促进学生科学素养、创新精神、实践能力等核心素养的独特价值。 7. 掌握青少年认知规律,尊重学生的主体性,根据青少年的兴趣爱好及个性发展的需要,充分调动和发挥青少年的主动性和创造性,挖掘学生的 STEM 潜质。
二、STEM 学科基础	(四)科学素养	8. 具备识别科学原理的能力,能够理解科学的事实、概念、规律、定理和理论。 9. 具有运用科学原理的能力,能够运用对科学的认识和理解去解释或预测观察到的现象。 10. 具有科学探究的能力,知道系统性培养学生科学素养和科学精神的方法和途径。 11. 具有运用科学技术的能力,知道如何运用科学技术来解决现实问题。
	(五)数学素养	12. 在 STEM 教育中能够有意识地引导学生运用数学工具,渗透数学知识,引导学生用数学的眼光观察世界,用数学的思维思考世界,用数学的语言表达世界。

续表

维度	类别	内容
二、STEM 学科基础	（六）工程 实践	13. 理解工程学科在 STEM 中的价值和地位。 14. 理解工程思维的复杂性、系统性、目的性及价值性等特点。 15. 具备将工程思维贯穿应用于 STEM 课程的设计、实施、评价反思过程中的意识和能力。
	（七）技术 应用	16. 能将教育技术、信息技术、计算机编程技术等与 STEM 教学内容、目标有机融合，根据 STEM 教学情境，选择使用恰当的技术方法。
	（八）STEM＋	17. 根据 STEM 教育的需要，能够了解除了科学、技术、工程、数学以外的其他学科知识图谱。
三、STEM 跨学科理解 与实践	（九）跨学科 理解与实践	18. 掌握扎实的专业基础，至少精通某一学科知识体系，了解其他学科知识体系，并根据 STEM 课程的需要，分析其中的联系。 19. 具备能促使学生形成独特的跨越学科界限的知识视野和思维习惯，培养学生树立整体知识观的教育观念。 20. 能够和其他学科同伴协同创新，把来自两个以上学科的思想和方法结合，解决那些不能用单一学科或研究领域解决的问题。 21. 通过对比 STEM 各学科的性质和目标，建立基于 STEM 教育的学科知识图谱，形成对中小学科学、技术、数学等相关学科本质的综合性理解。
四、STEM 课程开发 与整合	（十）STEM 课程开发 与整合	22. 熟悉 STEM 教育课程要以学生为中心、聚焦解决真实情境问题的特点。 23. 理解 STEM 课程的两种模式：基于学科渗透的课程模式和基于学科融合的广域课程模式。 24. 能够基于 STEM 课程的实施需求和学生的发展需求，挖掘、整合校内外各类 STEM 课程资源，并在具体的教学中，恰当地选择、运用相关资源。 25. 在开发与整合 STEM 课程过程中，有意识地建立能培养学生批判性思维、创造性思维、科学思维、计算思维、工程思维、设计思维、量化思维等思维方式的任务或目标。

续表

维度	类别	内容
五、STEM 教学实施与评价	(十一)创设 STEM 教育情境	26. 能够借助前沿技术,利用各种场所营造适合跨学科学习的 STEM 空间。 27. 能够根据内容准备 STEM 课程实施的软硬件环境,并能考虑学生的安全防护。
	(十二)实施 STEM 教学	28. 能围绕一个主题、任务、项目、问题,用跨学科的知识和方法开展 STEM 实践,培养学生多学科整合与转化能力,引领学生进行多种形式的学科融合的学习活动。 29. 设计并实施项目式学习的活动,创设有挑战性、开放性、可操作性、基于生产、生活、科研、大赛实际的项目,能通过项目驱动的学习方式培养学生的 STEM 素养。 30. 具备发现问题、确定问题、分析问题的能力,创设可以探究的、与学生生活实际相关的问题情境或生活场景,通过问题的解决培养学生的 STEM 素养。 31. 能够在 STEM 教学实施过程中整合运用丰富的技术手段或教学方法,注重研究性学习、问题导向学习等学习模式的运用。
	(十三)评价与反馈	32. 能够表达 STEM 教育设计过程或展示成果。 33. 理解、掌握课程评价、学习评价等评价理论与方法,建立基于信息技术、教育技术等手段的多元化的 STEM 教育评价机制。 34. 能够对 STEM 教育的实施过程及结果进行反馈与指导。
	(十四)反思与提高	35. 能够对 STEM 课程的开发与实施进行反思与优化,不断完善和改进 STEM 教学。

(四)实施建议

关于实施《STEM 教师能力等级标准(试行)》的建议包括以下四点。

第一,建议各地教育行政部门充分发挥《STEM 教师能力等级标准(试行)》的引领和导向作用,将 STEM 教师能力的提升纳入科学、技术、工程、数学及相关学科教师的培训体系中,开展 STEM 教师专业能力测评,拓展 STEM 教师专业发展的渠道,切实提升 STEM 教师的专业能力,为推动教育创新,改革人才培养模式,加强创新人才和高技能人才培养奠定坚实基础。

第二,建议有关学校和教师培训机构将《STEM 教师能力等级标准(试行)》作为 STEM 教师培养、准入、培训、考核等工作的重要依据，整合利用校内外培训资源，完善培养培训方案，创新培养培训模式，加强教师课程资源建设，建立健全 STEM 教师岗位职责和考核评价制度，促进 STEM 教师专业发展。

第三，建议 STEM 教师要将《STEM 教师能力等级标准(试行)》作为自身专业发展的重要依据，以培养学生的创新精神和实践能力为切入点，以提升学生的核心素养为目标，以学校课程结构调整为着力点，促进科技、工程、艺术、人文、自然和社会等学科的有机融合，更新观念、补充知识、提升技能，不断提高开展 STEM 教学活动的实施能力，不断推动人才培养模式创新和教育教学方式转变，积极推行 STEM 教育在更大范围的普及应用，做教学创新的推动者和终身学习的践行者。

第四，《STEM 教师能力等级标准(试行)》提出了一些必备的、基础的参考维度。各维度的内涵，根据 STEM 教育的发展阶段和实际需要会不断细化、优化。不同地区存在差异，各地区可根据当地教育教学的实际进行调整，在《STEM 教师能力等级标准(试行)》大的框架下，制定符合当地 STEM 教育实际的细则。

二、教师需要具备的能力

STEAM 教育是一种跨学科整合的教育，对从事该教育工作的教师提出了更高的要求。《STEM 教师能力等级标准(试行)》中通过指标体系中的一节对我国的 STEAM 教师提出了 35 条具体的要求。STEAM 教师要达到《STEM 教师能力等级标准(试行)》中的指标要求，必须实现自我能力的提升，那么作为一名 STEAM 教师到底应该具备什么样的能力呢？本小节依据《STEM 教师能力等级标准(试行)》的要求，将 STEAM 教师需要具备的能力总结为扎实的专业素养、跨学科整合思维、信息技术技能、课程设计开发能力、引导学习能力、评价与反思能力六种能力。

(一)扎实的专业素养

韩愈在《师说》说："师者，所以传道授业解惑也。"传授专业知识，解决学生在学习中的困惑是教师的基本工作，但能胜任这一基本工作的前提是具备扎实的专业知识与素养。STEAM 涉及科学、技术、工程、艺术和数学五个领域，给从事该课程的教师提出了更高的专业素养要求，即 STEAM 教师需要具备以下五大类的专业素养。

科学素养：识别、运用、探究科学原理的能力，能够运用科学原理与技术解决现实问题。

技术素养：使用、管理、理解与评价技术的能力，能够根据教学需要选择使用合适的技术。

工程素养：对技术的工程设计与开发过程的理解能力，涉及工程知识、工程设计与技能、工程意识等。

艺术素养：符合学生认知的语言表达能力与基本美术功底，能将科学理论、工程设计等口语化、具象化。

数学素养：清晰的思维逻辑，运用数学知识分析、解决实际问题的能力。

(二)跨学科整合思维

STEAM 教育的一大特点是强调跨学科整合，注重培养学生的创新思维和解决真实问题的能力。在解决实际问题中不只是涉及一门学科知识，而是多门学科知识的综合运用。因此，如何将科学素养、技术素养、工程素养、艺术素养、数学素养整合为一体，并体现在具体的课堂教学过程中，帮助学生解决真实问题是每一位 STEAM 教师第一个要考虑的问题。STEAM 教师应具备将科学、技术、工程、艺术、数学等课程跨学科整合的思维。何为整合，何为跨学科整合？整合不是一加一等于二的简单相加，而是要实现一加一大于二的目标。STEAM 教育的跨学科整合并非将科学、技术、工程、艺术、数学的内容简单相加，糅合在一堂课中，而是将其深度融合，实现教学效果的最大化。

(三)信息技术技能

信息技术应用能力是在信息化社会中教师必备的能力之一。随着现代信息技术的发展，3D 建模、3D 打印、电子电路、编程、机器人等都正在逐渐融入 STEAM 教育的课程中。这一现状要求 STEAM 教师具备比其他学科教师更多的信息技术技能，需要 STEAM 教师具有主动在课堂中运用信息技术优化课堂教学的意识；了解相关软硬件的功能与特点并熟练运用；并且将通过信息技术辅助学生对科学、技术、工程、艺术、数学的学习。小学生的认知能力有限，难以理解复杂的科学概念，《STEM 教师能力等级标准(试行)》指出，教师要能够借助前沿技术为学生创建合理的情境。信息技术的一大特点是可以将抽象化的概念，以具象化的形式展现出来。教师可以运用 PPT、3D 建模、虚拟现实等的信息技术手段，实现对复杂科学概念的解释与抽象的科学现象的展示。

STEAM 教师的信息技术技能不仅涉及教师的运用能力，而且还涉及教师如何将自身的信息技术能力迁移至学生，让学生也能运用信息技术解决学习中遇到的问题，顺利完成学习任务。

(四)课程设计开发能力

优秀的 STEAM 教师不仅要会上课，将一堂 STEAM 课上生动，让学生学到特定的知识，而且还要会设计和开发符合学生学情的 STEAM 课程。教师要具备能够自主设计开发 STEAM 课程的能力，而非单纯地在自己的教学过程中复制粘贴已有的教学设计案例。正如《STEM 教师能力等级标准(试行)》指标体系中的"STEM 课程开发与整合"一项中所要求的那样，教师在设计开发 STEAM 课程时要以学生为中心，从教学和学习两个层面设计开发 STEAM 课程。一个好的 STEAM 课程，不仅要有丰富合理的内容，而且还要体现以学生为中心的教育理念和学科间的整合，更需要着重培养学生解决问题的综合能力和创新思维。因此，教师在设计开发 STEAM 课程时，要从教师如何教、学生如何学两大方面考虑。如何教涉及教师对 STEAM 课程与主题的整体规划，对教学流程的设计，对信息技术的应用，对基于项目的教学法的理解等。如何学涉及教师对学生兴趣的了解，对学生认知结构与学习方式的理解，对学生学习成果的评价等。

(五)引导学习能力

科学的教授从教师起主导作用的行为主义，发展至强调学生主观能动性的认知主义，再发展至现在主流的教师、学生互相作用的建构主义，教师在教学实践中的角色有了很大的变化，从主导者逐渐转变为引导者。在"做中学"是 STEAM 教育的基本教育理念之一，基于这一理念，在课堂中教师就不应该是主导者，而应该是协助学生"做中学"的引导者。不同于教师一人在讲台上进行知识输出，全班学生在讲台下知识输入的"填鸭式"教学，STEAM 教育的课堂是灵活的。教师需要走下讲台，走近学生，观察学生在学习过程中的问题，引导他们利用科学知识解决问题，激发他们的创造性思维。STEAM 教师在教学实践中作为一名引导者，需要引导学生发现生活中的真实问题，引导他们思考以科学的方式解决该问题，引导他们具体动手操作，当学生完成了某一学习项目时还要引导他们阐述各自的创意、想法和创作过程。

(六)评价与反思能力

STEAM 教育的学习成果的评价方式与传统的通过考试进行评价的方式有所不同。因 STEAM 教育的教学过程基于具体的动手实践，且整合了各学科的专业知识，传统的通过考试评价学生的学习情况，无法全面体现学生的学习情况。相比于对结果的评价，过程性的评价更适合 STEAM 教育。然而，过程性评价对 STEAM 教师提出了更高的要求。首先，教师得制定符合自己担任的课程的评价体系，从多角度、多方面评价学生的学习情况。其次，在教学实践过程中，教师需要对学生的学习情况进行阶段性的记录。最后，当学生完成某一学习任务、某一制作时，教师要进行合理的评价。

同时，当教师完成了教学实践任务后要对自己的教学过程进行反思。反思性教学可以实现 STEAM 教师对自我的重新认知，发现自身不足，实现教师专业发展的初衷。STEAM 教师的反思内容可概括为对教学设计的反思，对教学过程的反思，对教学效果的反思以及对自我素质的反思。对教学设计的反思内容为反思教学目标、教学内容的安排、教学方法的选择是否合理。对教学过程的反思内容为反思教学过程是否有效激发了学生的学习兴趣，教学情境是否有助于学生的学习，在教学过程中是否实现了师生间、学生间的有效交流等。对教学效果的反思内容为反思教学目标是否得以实现、学生是否完成了有效的学习等。对自我素质的反思内容为反思自己的专业素养是否需要提高、在教学过程中信息技术的运用是否到位、自己的教学方式是否合理等。

第三节　STEAM 师资培养方案

任何教育活动的开展，教师在其中都发挥着非常重要的作用，STEAM 教育也毫不例外。STEAM 教师的质量直接决定着 STEAM 教育的品质与成效。因此，培养 STEAM 教师是顺利推进 STEAM 教育的关键环节。但目前我国的 STEAM 教育及其师资建设都处于刚刚起步的阶段，目前还没有权威性的 STEAM 教师培养实践经验，学术界对此的理论探讨也不是很充足。通过借鉴国外的 STEAM 师资培养经验可知，培养师范生成为扩充 STEAM 师资力量的一种途径，通过对在职教师进行 STEAM 教育的相关培训也是保障 STEAM 师资力量的重要手段。本节从 STEAM 专业教师培养以及在职教师培训两方面阐述 STEAM 师资培养方案。

一、STEAM 专业教师培养

(一)高校设置 STEAM 专业

我国的师范类高校是师资力量培养的主力军，是保障和发展我国师资力量的主要平台。为提高 STEAM 教师队伍的质量，首先必须采取有效的政策性措施，加强和改革师范教育，鼓励和吸引优秀的学生报考师范院校的 STEAM 相关专业。但前提是师范类院校已经开设了完整的 STEAM 教育相关专业，并且有一套完善的师范生培养体系。然而，若严格按照专业设置目录，我国并没有 STEAM 教育这个专业，这使得我国 STEAM 教师的培养受到了很大的限制。因此，师范类高校调整专业结构，设置 STEAM 教育专业可谓是在 STEAM 教师队伍建设过程中的当务之急。专业设置的实施路径大体可分为以下两种：第一种是调整和整合现有师范类高校中的专业结构，开设 STEAM 专业课程；第二种是在符合教育部相关规定的条件下，新设专门的 STEAM 教育专业。

随着社会对 STEAM 教师需求量的逐渐增大，我国师范类高校将面临如何选择适当实施路径培养 STEAM 教师的问题。第一种实施路径以现有师范类高校的资源为基础，通过整合原有的专业课程以及新设 STEAM 教育课程，为师范生提供在读期间获取 STEAM 教育相关知识技能的平台。第二种实施路径则是在师范类高校中新设 STEAM 教育专业。相较于第一种实施路径，第二种实施路径的难度较大。因为，除部分高水平学校具有自主设置相关专业权限以外，任何高校要增设本科专业都应当履行行政审批程序，由教育部或者省级教育行政主管部门严格审批。① 无论实施哪一种 STEAM 专业设置路径，都需要各师范类高校结合自身的实际情况以及社会需要来进行。

（二）高校设置 STEAM 课程

上节我们阐述了师范类高校在培养 STEAM 教师时专业设置的两大路径，本节我们从具体的课程入手，探讨师范类高校该设置什么样的 STEAM 课程。我国师范类高校对 STEAM 教师的培养没有一套整体全面的 STEAM 课程体系。美国自 1997 年起便已开启 UTeach 项目，形成了一套成效显著的 STEAM 教师课程体系。至 2018 年，美国的 UTeach 项目累计培养出了 4668 名卓越 STEAM 教师，预计到 2022 年，美国的 UTeach 项目将培养出 7659 名卓越 STEAM 教师和 500 万 STEAM 人才。UTeach 的整体课程体系如图 4-2 所示。

---

① 罗琪：《我国 STEM 教师培养中的问题及其应对策略》，载《教学与管理（理论版）》，2018(8)。

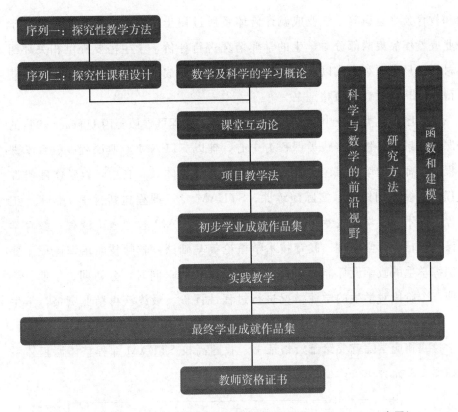

图 4-2　美国 UTeach 项目课程体系示意图（摘自 UTeach Institute 官网）

　　课程内容多样化、序列化是美国 UTeach 项目中课程模式的一大特点。课程内容丰富多样，前后衔接紧密，充分整合理论与实践知识。[①]其中包含体验类课程、教育类课程、学科类课程、实践类课程、学业成就评价五大体系。体验类课程包括探究性教学方法与探究性课程设计两大部分，学生需要完成中小学的教学设计与授课任务。教育类课程包括数学及科学的学习概论、课堂互动论、项目教学法、学生学习具体的教学方法。学科类课程包括函数和建模、研究方法、科学与数学的前沿视野三大部分，培养学生的学科专业素养。实践类课程的实践教学，贯穿学生的整个学习过程，通过具体的实践培养学生的实践教学能力、班级管理能力、家校沟通能力

---

　　① 高巍、刘瑞、范颖佳：《培养卓越 STEM 教师：美国 UTeach 课程体系及启示》，载《开放教育研究》，2019(2)。

和教育公平意识等。学业成就评价体系通过初步学业成就作品集和最终学业成就作品集两部分对学生的学业情况进行评价，学生需要提供相关证明材料。只有顺利完成以上四大类课程以及学业成就评价，学生才有资格获得 STEAM 教师的资格证书。

我国师范类高校中培养 STEAM 教师的课程可参照美国 UTeach 项目的课程体系，以教学实践类课程为中心，辅以 STEAM 专业课程、教育学课程、教师技能培训课程，实行过程性学业评价体系。其中，教学实践类课程包括模拟训练课、实际演练课；STEAM 专业课程包括科学、技术、工程、艺术、数学相关专业基础课程，以及 STEAM 教育概论课程；教育学课程包括教育学原理、教育技术学概论等基础课；教师技能培训课程主要训练学生的教学设计能力以及具体的授课技巧；同时，分初期、中期、终期三个阶段对学生的学业情况进行过程性评价。最终获得结业资格，学生才算修满相应学分，当学生完成一份完整的 STEAM 课程的教学设计后，学校或相应学院就要给予资格证书。我国高校 STEAM 课程整体课程体系如图 4-3 所示。

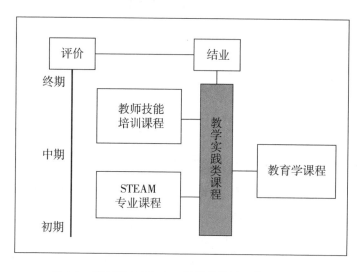

图 4-3　我国高校 STEAM 课程整体课程体系设置图

（三）高校 STEAM 教师培养计划

师范类高校是培养 STEAM 教师的主要场所，不仅需要开设上一节中所述的各类课程，形成一套合理完整的 STEAM 教师培养课程体系以满足师资专业素养的诉求，而且还需要一套灵活的 STEAM 教师培养计划以满足不同专业、不同年级，甚至不同学校学生的选课需要。本节通过介绍和借鉴美国 UTeach 项目中的 STEAM 教师培养计划，探讨我国师范类高校中试行的 STEAM 教师培养计划。

美国 UTeach 项目中有一套大学四年的学士学位培养计划（如表 4-4 所示），学生在毕业后可同时获得所在学科的学位和教师资格证书。该培养计划具有较强的灵活性，主要体现在打破专业限定壁垒与多样的起始学习节点两大方面。首先，培养计划并不只面向主修 STEAM 专业的学生，非 STEAM 专业的学生也可参加学习。对该领域感兴趣的非 STEAM 专业的学生可在保留其原有专业的同时参加该项目，进行系统学习，最后在取得原有专业学位的同时，还可以获得 STEAM 教育的教师资格证书。其次，该培养计划有多个起始学习节点，可满足不同年级学习的需要。培养计划中的起始学习节点共有四个，分别为大一、大二、大三、大四，以及已取得学位的人士。满足了不同年级学生的学习需要，也为大学期间或者毕业后对 STEAM 教育产生兴趣的群体，提供了系统学习的机会。但是，系统学习的时间长度有所不同，刚入学的大一新生可以用 8 个学期的时间完成系统学习，大二的学生缩短为 6 个学期，大三或大四的系统学习时间为 4 个学期，已取得学位的人士的系统学习时间则压缩至 3 个学期。

我国的 STEAM 教师培养计划可参考美国 UTeach 项目中的培养计划，以师范类院校为主要依托，且相关课程不仅向本校所有专业、所有年级开放，而且还可以向其他院校的学生以及社会人士开放。但是，开放程度高虽然有利于满足不同人群获取 STEAM 教育资源以及其专业素养提升的需要，但也面临着参加学习的人员水平良莠不齐、学生的学情难以把控、班额难以设置等问题。以下方法可以缓解以上问题：设置一定的参与课程的基本条件，建议未达到基本参与条件的学员参与预科课程或满足条件后再进行系统学习；对学生进行学情调查，并将学生分配至符合该学生学情的起始学习节点；开设预科课程，给未达到基本参与条件的学生提供学习的机会等。

	第一学期	第二学期	第三学期	第四学期	第五学期	第六学期	第七学期	第八学期
大一	探究性教学方法	探究性课程设计	数学及科学的学习概论	课堂互动论	科学与数学的前沿视野 功能和模式	研究方法	项目教学法	实践教学
大二			探究性教学方法	探究性课程设计 数学及科学的学习概论	课堂互动论 函数和建模	数学及科学的学习概念 研究方法	项目教学法	实践教学
大三、大四					探究性教学方法 数学及科学的学习概论	数学及科学的学习概论 研究方法 函数和建模	课堂互动论 项目教学法	实践教学
已取得学位的人士						序列1、2整合 数学及科学的学习概念 函数和建模	课堂互动论 项目教学法 研究方法	实践教学 数学及科学的学习概念

图 4-4　美国 UTeach 项目培养计划 [①]

(四)STEAM 教师知识结构培养

《STEM 教师能力等级标准(试行)》指出，STEAM 教师需具备跨学科教学能力、数字科学技术能力、STEAM 课程开发能力、课后分享与评价能力。这四种能力都是以师范生在师范类高校学习期间习得的专业知识为基

---

① 高巍、刘瑞、范颖佳：《培养卓越 STEM 教师：美国 UTeach 课程体系及启示》，载《开放教育研究》，2019(2)。

础的。因此，师范类高校在培养 STEAM 教师时应考虑如何建立起与 STEAM 教育相关的知识结构基础。

STEAM 教育与传统的科学教育的不同之处是 STEAM 强调跨学科。因此，在培养师资时也应跨学科培养。然而，我国现在师范生的培养模式仍没有突破传统的分学科、分专业的培养模式。此种培养模式限制了师范生跨学科学习其他学科知识的机会，也阻碍了其今后跨学科教学能力的提高。为打破现在专业设置中缺乏跨学科性的局面，在不影响人才培养的基础上，给予师范生更多的选课自主权，并鼓励和支持师范生选其他专业的科目。

数字化与信息化给教育界带来了机遇和挑战，教师需要掌握一定的数字技术，并将其运用于教学活动中。在 STEAM 教育的课程中，对于物理、数学、工程的许多知识概念，教师无法用单纯的语言或图片解释清楚，有时需要运用 2D、3D 动画，电子电路等技术手段呈现。因此，STEAM 教师学习相关数字科学技术知识是培养的一大重点。教育技术专业在 STEAM 教师的数字科学技术知识中发挥着重要的作用。

优秀的 STEAM 教师不仅会上课，而且还能编写出高品质的教案、PPT，并且能根据学生、学校教具设备等实际情况设计课程。如何培养 STEAM 教师的课程开发能力是师范类高校需要考虑的问题。在培养方案中应多加入让学生自己设计课程的实践活动，使其在大学期间就能够熟练地掌握课程设计的技巧。对师范生进行课后分享与评价能力的培养，不仅有利于师范生个人能力的提高，而且还有利于优秀的 STEAM 课程与经验得以更广泛的普及。

(五)STEAM 教师兴趣培养

兴趣是学习动机的重要组成部分。兴趣可分为三个层次：对学习知识、技能和能力呈现出来的新现象产生的兴趣叫作有趣，为兴趣的第一层次；在有趣定向发展的基础上对学习产生一种特殊的兴趣叫作乐趣，为兴趣的第二层次；对学习与崇高理想、远大目标相联系的兴趣叫作志趣，为兴趣的第三层次。[①] 在 STEAM 教师的培养过程中，在夯实知识结构的同时，还

---

① 柯江宁：《大学外语教学中的动机、兴趣与途径》，载《南京政治学院学报》，2001(5)。

应激发师范生对 STEAM 教育的兴趣。鉴于师范生在校学习的时间有限,第三层次的目标较难实现,师范类高校应注重培养师范生对 STEAM 教育的第一层次以及第二层次兴趣的培养,即让师范生觉得 STEAM 教育有趣,并体验其乐趣。

具体的兴趣培养路径可分为课内与课外两种。首先,在课内高校应打破传统分科教学的教学模式,积极在校内开展跨学科的选课活动,鼓励和支持学生去发现兴趣。同时可以邀请在职的 STEAM 教师走进课堂给师范生分享教学过程中的经验与乐趣,让学生在听取他人经验的过程中体验在传统教学过程中体验不到的乐趣。其次,在课外高校应鼓励学生组织开展 STEAM 教育的学习活动,如课程设计大赛、知识分享沙龙,以及在中小学实践教学。

二、在职教师 STEAM 教育培训

(一)在职教师培训内容

首先,选择在职教师的培训内容要精心而具有开放性,力求打开在职教师在 STEAM 教育中的视野。选择实效性强、新颖而有影响力的内容,以增强内容的吸引力。内容的安排要注意结合当前我国新一轮课程改革的步伐,新课程标准所要求的恰恰是教师所缺乏的,将培训内容与新课程改革紧密结合起来才能体现浓郁的时代气息和要求。

在职教师的 STEAM 教育培训内容有别于师范生的 STEAM 教育培养的内容,在内容的选定上应允许学员(即在职教师)的参与。在职教师的教育实践经验丰富,头脑中对 STEAM 又存有很多困惑,所以让他们参与一定程度的教学内容的选定,有利于增加教学内容的吸引力。然而,教师自身到底需要什么,一个在岗的教师需要继续学习什么,这是两个不同角度的问题。前者是从教师的个体需求出发,后者是从事业对教师的要求出发。这两个需求应互相兼顾,不可偏废。培训内容的安排应该注重必修课程与教师自主选择课程相结合,提升教师综合素质与提高任教学科教学能力相结合,培训内容的针对性与结果的实效性相结合。从 21 世纪对教育发展的

要求看，从实施素质教育和教师素质的要求看，STEAM 培训首先应该注入富有时代特征的、新鲜的、更贴近教育教学实际的内容，如教学模式研究、教学方法介绍探讨、学科发展最新动态、学科课外活动指导、学科教具制作使用、学科教材使用疑难问题探讨等。这些内容的拓展对在职教师的STEAM 教育教学工作大有裨益。在在职教师的培训过程中还可以适时增加一些专题内容，包括教育发展、社会发展中的一些问题，社会关注的热点等，从而增强教师对事物敏锐的洞察力，对问题深刻的思考力和正确的判断能力、分析能力，使其在日常对学生的教育中能因势利导，游刃有余。

同时，还应从制度上规定在职教师必须选修 STEAM 教学能力和知识的培训课程，切实提高课堂教学能力。力求科学合理地设计培训课程，精选培训内容，开发培训资源，最大限度地满足不同层次和不同类型教师的实际需要，使广大教师都能在培训过程中学有所获，学有所用。

(二)在职教师培训形式

在职教师的培训形式和过程与培训内容同样重要。培训形式往往会影响培训内容的吸收程度，培训过程决定着培训结果的质量。以前，我国在STEAM 在职教师培训方面相对欠缺。在职教师的培训形式一般以专家讲座，或组织听课、评课的讲座式培训为主。这种方式的问题是接受培训的教师始终处于被动地位，无法参与培训的设计过程。培训者总想给教师讲点什么，或让教师学会点什么，甚至是滔滔不绝地"满堂灌"。其结果是使接受培训的教师当时很激动、很兴奋，但心动之后的行动却举步维艰。日久天长，教师难以养成反思与分析的习惯，只会照搬培训内容，而不会灵活地运用。然而，STEAM 教育则需要将理论与实际操作结合才能够有更深一步的了解与见识。

对在职教师而言，他们在 STEAM 领域独立思考的基础上，需要与同伴、有经验的同行进行交流，与教研人员对话，同时还需要在集体讨论中迸发新的 STEAM 教学灵感。因此，参与式培训比讲座式培训更符合在职教师的 STEAM 教育培训的要求。

应重视参与式培训，尤其注重培训者与培训对象的平等交流与对话。

参与式培训与讲座式培训最大的区别是讲座式是培训者讲授，学习者接受式学习；参与式培训是培训者组织活动，在职教师发现式学习。前者通过符号传递信息，注重信息的吸收，要求在职教师有较高的语言传递和表达技能，因此有可能导致能说不能做。而后者的内容来源于在职教师的实践，因此更具有动力和亲和力，学到的东西不容易忘记。参与式学习能够给在职教师更多的发展空间，让他们根据自己的需要主动提取需要的内容，而不是像讲座那样把所有的时间和空间都填得满满的。

参与式培训使用的是让个体参与到 STEAM 活动中，与其他个体合作学习的方法，通常包括分组讨论、案例分析、观看录像带、角色扮演、模拟、访谈、座谈、观察、辩论、排序、打分、小讲座，以及其他根据培训内容设计的各种游戏和练习。这种培训充分利用了在职教师的学习特点，尽可能创设一个轻松愉快的学习环境，结合教师的经验，利用视觉、听觉、触觉、表达等多种手段，引导教师积极思考、自我监测、多向交流。这种培训不仅能使在职教师产生新的思想，加深他们对问题的认识，并将新的理念和做法渗透到 STEAM 的日常教学中。当然，在参与式培训中，如果需要提供必要的信息，也可以穿插一些小讲座，但一般不超过 20 分钟，并辅以教学媒体，使讲座内容更具有可视性和趣味性。经过正确设计的教学媒体，适用于 STEAM 专业和职业方面的培训，除了可以强化和促进教师培训以外，还能为在职教师提供训练或实践的机会。教师可以在逼真的情境中探究问题，发挥他们的学习积极性，让他们多动手尝试，以便在任务的体验中获得信息的反馈。①

---

① 张琳：《我国中小学在职教师培训存在的问题与思考》，硕士学位论文，山东师范大学，2005。

第五章　儿童 **STEAM** 教育的教学评价

第一节　STEAM 教育评价的作用

一、教育评价的基本内涵

(一)教育评价的含义

评价是一种价值判断活动，是对客体满足主体需要程度的判断。教育评价是对教育活动满足社会与个体需要的程度做出判断的活动，是对教育活动现实的或潜在的价值做出判断，以期达到教育价值增值的过程。不同学者对教育评价的界定各不相同，下面介绍几种具有代表性的定义。

1. 早期解释

泰勒在他著名的八年研究(1933—1940 年)报告(《史密斯—泰勒报告》)中，首次提出教育评价的概念。他认为，教育评价过程在本质上是确定课程和教学大纲、实现教育目标的程度的过程。[①] 后来，日本学者进一步把它界定为教育评价就是系统地、有步骤地从数量上测量或从性质上描述儿童学习的过程和结果，据此判定是否达到了所期望的教育目标的一种手段。

---

① 胡中锋：《教育评价学》(第三版)，3 页，北京，中国人民大学出版社，2016。

这种观点认为，教育评价就是以教育目标为依据，评判学生学习结果达到教育目标的程度。

2. 20 世纪 60 年代的定义

1963 年，克龙巴赫在他题为"通过评价改进课程"的论文中，对教育评价内涵的阐述是一个收集和报告对课程研制有指导意义的信息的过程。[1] 后来有人对此定义进行了详细而具体的描述：教育评价是一种系统地寻找并收集资料，以便协助决策者在诸种可行的途径(方案)中择一而行的历程。这种观点强调评价的信息作用，拓宽了评价的功能、范围，从广义上对评价进行了创造性的解释。

1966 年，斯塔弗尔比姆在对泰勒评价理论提出异议的前提下，主张教育评价不应局限于评判决策者所确定的教育目标所达到预期效果的程度，而应该是收集有关教育方案实施全过程及其成果的资料，为决策提供信息的过程。[2] 他的观点和克龙巴赫的观点相似。

3. 较深层次的定义

斯克里文和豪斯对教育评价的定义为评价是一种优缺点和价值的评估，是一种既有描述又有判断的活动。[3]

1981 年，美国教育评价标准联合委员会对教育评价进行了综合性界定，他们认为，教育评价是对教育目标和它的优缺点与价值判断的系统调查，为教育决策提供依据的过程。[4] 这种观点认为，教育评价的着眼点是教育现象的价值，也就是评价应当着重判断教育的效果，看其是否具有价值，这里的关键主要是价值判断。

4. 我国学者的定义

我国学者把教育评价界定为教育评价是根据一定的目的和标准，采用

① 刘佩佩：《西方教育评价发展历史沿革》，载《戏剧之家(上半月)》，2013(7)。

② 杨彩菊、周志刚：《西方教育评价思想嬗变历程分析》，载《国家教育行政学院学报》，2013(5)。

③ 杜瑛：《西方教育评价理论发展的社会文化基础探析》，载《教育测量与评价(理论版)》，2012(10)。

④ 李彬彬、杨晓萍：《西方教育变革的顶层设计与推进机制》，载《教育研究》，2014(10)。

科学的态度和方法，对教育工作中的活动、人员、管理和条件的状态与绩效，进行质和量的价值判断。①

总结专家学者对教育评价的观点，我们可以将教育评价视为根据一定的教育价值观或教育目标，运用可行的科学手段，通过系统地收集信息资料和分析整理，对教育活动、教育过程和教育结果进行价值判断，从而不断自我完善和为教育决策提供依据的过程。

(二)教育评价的产生与发展

教育评价是指在一定教育价值观的指导下依据确定的教育目标，通过使用一定的技术和方法，对所实施的各种教育活动、教育过程和教育结果进行科学判定的过程。纵观教育评价理论与实践的历史发展，我们认为教育评价大致经历了古代的传统考试、近现代的科学测试和当代的科学评价三个不同时期。因此，教育评价来源于古代学校对学生的学力检验。但是教育评价系统的理论和方法的形成则直接来源于 20 世纪初兴起的一种以追求考查教育效果的客观性为目的的教育测验运动。

1. 以测量为标志的第一代教育评价

第一代教育评价出现在 19 世纪后期至 20 世纪 30 年代。英国的高尔顿通过对个体差异的长期研究，于 1869 年发表了《遗传的天才》一书，揭开了教育测量的序幕。1879 年，德国的冯特在莱比锡首创了心理实验室，实验心理学家逐步摸索出一套测量方法，对教育测量的发展产生了积极影响。在 19 世纪最后的 10 年里，各种测量随着心理实验的发展层出不穷。1897 年，美国的莱斯发表了他对 20 个学校的 1600 名学生所做的拼字测验的结果，引起了人们对测验方法的普遍关注，对后来教育测量的发展产生了深远的影响。在这种背景下，1904 年，美国的桑代克发表了《心理与社会测量导论》一书，系统地介绍了统计方法和编制测验的基本原理。该书提出了凡存在的东西都有数量，凡有数量的东西都可以测量的基本观点，为教育测

---

① 李凌艳、李勉：《从西方教育评价理论发展的视角看我国学校评估研究》，载《教育理论与实践》，2010(4)。

量奠定了理论基础，对教育测量学的建设与发展做出了巨大贡献。在以后的几年中，比纳-西蒙智力量表、斯坦福-比纳智力量表等心理测验的日趋定型，对教育测量的标准化也产生了极其深刻的影响。所以，这时期的评价就是选择测量工具、组织和实施测量、提供测量数据。为此，这一时期被称为测量时期。[①] 这种教育测量在考试的定量化、客观化与标准化方面，取得了重要的进展，它强调以量化的方法对学生的学习状况进行测量。然而，当时的考试与测验只要求学生记诵教材的知识内容，较为片面，无法真正反映学生的学习过程。

2. 以描述为标志的第二代教育评价

第二代教育评价盛行于 20 世纪 30—40 年代。20 世纪 30 年代以前，现代教育评价的概念尚未形成，教育测量与教育评价几乎是同义语。在那时，无论我国的科举，还是西方的心理测验和教育测量，所关心的仅是个体学力状况，追求的是量的大小，对人的全面了解和把握、对学校乃至整个教育成就的评价并未正式提出。1933 年，罗斯福实行了经济的社会化政策，这一经济政策的实行导致了大批青年没有就业的机会，只能涌向中学。当时美国的高中课程都是为进入大学服务的，于是，中学课程和失业青年的需要产生了尖锐的矛盾。为了促进和保证课程改革的进行，美国进步主义教育协会进行了一项课程内容改革的实验研究，从 1932 年到 1940 年历经八年完成，史称"八年研究"。[②] 为了评价其研究成果，以泰勒为领导组成了教育评价委员会。通过这场研究，泰勒和他的同事们正式提出了教育评价的概念，即教育评价就是衡量实际活动达到教育目标的程度，测量是它的手段。同时，还提出评价的原则和方法，即泰勒模式。"八年研究"宣告了测量运动的终结，使人们在思想上和行动上接受了采用教育评价方法来描述教育效果这一观点，形成了一个以描述为特征的评价时代。

---

① Robert M. Thorndike, Tracy Thorndike-Christ：《教育评价 教育和心理学中的测量与评估》(第八版)，75～86 页，北京，商务印书馆，2018。

② 黄光扬：《教育测量与评价》(第二版)，34～50 页，上海，华东师范大学出版社，2012。

3. 以判断为标志的第三代教育评价

第三代教育评价出现在 20 世纪 50 年代初到 70 年代。1957 年，苏联第一颗人造卫星上天，美国大为震惊，促使美国投入大量的人力和财力进行大规模的教育改革，从而对教育评价也提出了新的要求。政府十分关注教育评价的开展，民众也迫切要求对学校的办学成效进行鉴定和报告，使教育评价成了社会共同关心的课题。1963 年，克龙巴赫发表了《通过评价改进课程》，1967 年斯克里芬发表了《评价方法论》。他们一方面对原先的评价理论与方法提出质疑，同时对评价理论与方法进行了更广泛和更深刻的研究和开拓。他们认为评价不仅要以目标为中心，而且更要注重对决策的评价。也就是说，评价者不仅要关心课程制定者规定的目标，检验这些目标达到的程度，还要注意对目标的合理性进行判断。① 1967 年，斯泰克发表了《评价的面貌》一文，肯定了判断是评价的两大基本活动之一，同时提出了一个完整的、包含描述与判断两个方面的评价模式。这样，判断就成了第三代教育评价的标志。

4. 以同构为标志的第四代教育评价

20 世纪 80 年代，美国印第安纳大学教育学院古巴教授和维德比尔大学高等教育学院副教授林肯创立了第四代教育评价理论。第四代教育评价的初步思想最早出现在他们合写的《有效的评价》和《自然主义的研究》两篇文章中。经过几年的潜心研究，他们出版了《第四代教育评价》一书。在这本书中，古巴和林肯较为系统地阐述了这种新理论的基本观点和理论构架。第四代教育评价理论提出后，在美国引起了很大的反响，整个教育界几乎为之震动，主要内容包括以下几点。第一，把评价看作所有参与评价活动的人们，特别是评价者与评价对象双方交互作用、共同建构统一观点的过程，评价结果也是双方交互作用的产物。第二，提倡在评价中形成全面参与的意识和气氛。主张让参与评价的所有人都有机会发表自己的意见，并要求评价者在评价中充分尊重每个人的尊严、人格与隐私，所有参与评价

---

① 黄光扬：《教育测量与评价》（第二版），34～50 页，上海，华东师范大学出版社，2012。

的人都应是平等的、合作的关系。第三，他们提出在评价中存在价值差异。参与评价的人们的价值观是各不相同的，价值标准是存在差异的。[①] 这种差异观点在纠正传统评价理论价值上是一致的、单一的观点。第四代评价观点的提出，在全世界教育领域中产生了很大的反响。

5. 多元评价理论的出现

多元智能理论是一种全新的有关人类智能结构的理论，它的悄然兴起，不仅有力诠释了素质教育的基本理念，而且给我们的课程改革提供了有力的理论支撑。该理论的提出者霍华德·加德纳教授认为，人的智力是由言语/语言智能、音乐/节奏智能、逻辑/数理智能、视觉/空间智能、身体/运动智能、交往/人际关系智能、自知/自我认知智能、自然观察智能 8 种智能构成。[②] 霍华德·加德纳提出，世界上并不存在谁聪明谁不聪明的问题，而是存在哪一方面聪明以及怎样聪明的问题。非智力的心理因素如兴趣、情感、意志等对学习效果的影响极大，把非智力因素作为一个与知识能力平行的领域来评价，表明现代社会对多元化人才的需求。

(三)教育评价的对象和范围

随着时间的推移，教育评价从早期以学生学习结果为对象，逐渐扩大了评价对象的范围。现代教育评价以教育的全领域为对象，各种教育现象都可以作为评价对象，不仅是教育结果，教育计划、教育活动和教学过程都是教育评价的对象，这意味着教育评价已成为教育系统中不可缺少的部分，我们必须明确每项评价的具体对象。

二、教育评价的原则与功能

(一)教育评价的原则

规律是客观的，是不以人的主观意志为转移的，人们在具体的实践活

[①] 何苗：《从第四代评价视角看我国本科教学水平评估的完善》，载《理工高教研究》，2008(1)。

[②] 霍华德·加德纳：《多元智能新视野》(纪念版)，112~115 页，杭州，浙江人民出版社，2017。

动中，必须认识规律，遵循规律。人们在认识规律的过程中，依据自身对规律的理解和把握要确定一些行动的准则，这些依据对规律的认识而确定的认识就是原则。因此，教育评价原则既有其自身的客观性，又是基于人们的主观认识形成的，人的立场、观点和对教育评价的认识水平都对它有一定的影响。教育评价原则就是人们对教育评价客观规律的认识，或者说是教育评价的客观规律在人们头脑中的反映，是对教育评价工作提出的基本要求。①

总之，教育评价规律决定了教育评价的原则，教育评价的原则反映了教育评价的规律，直接指导教育评价活动的，是反映教育评价规律的教育评价原则。

教育评价原则主要包括以下十方面。

1. 方向性原则

教育评价，从某方面说是对教育目标的实现程度做出的价值判断。目标具有规定方向性、指导实践工作的作用，可使教育工作有目的、有计划地开展。

要贯彻教育评价的方向性原则，一是要依据国家的相关政策法规，坚持全体发展、全面发展的思想；二是在教育的具体工作和实践活动中，应保持与总方向的一致性；三是对学生个体的评价应该是全面性的。

2. 科学性原则

教育评价是对教育现象进行实际的测量和评定，并根据测量和评定的结果做出价值判断，它有着非常强的实践性和操作性。因此，必须保证教育评价切实可行。

为保证教育评价的科学性要做到以下几点：评价指标体系要简便易测；评价指标要有一致性和普遍性；不能过分要求精确的评价结果；评价方法必须力求简易。

3. 可比性原则

可比性原则是指在一定的范围内进行教育评价时，要有统一的评价标

---

① 陈玉琨：《教育评价学》，263 页，北京，人民教育出版社，1998。

准，本范围内的教育工作都能根据这个标准进行评价，并能进行纵向和横向比较。通过横向比较，可以看到学生个体各个方面的发展指标，有助于评出先进，找出差距；通过纵向比较，可以看到学生个体发展的历程和教育质量提高的过程，从而进一步促进工作质量的提高。

需要注意的是，横向比较一般应在客观条件相似的同档次中进行，在进行纵向比较时，应注意评价的起点，看基础、看发展、看提高的幅度，而不能只看与最高水平的距离。

要贯彻可比性原则，必须对教育工作的各个方面提出具体的、明确的和可以检查的标准，要尽量量化指标体系中的指标。

4. 全面性原则

全面性原则是指评价的项目要全面、收集的信息要全面，不能片面强调评价指标中的某一项目，不能偏听、偏信。全面性原则是由我国的教育目的决定的。

要贯彻全面性原则，首先要抓住评价标准的全面性，全面、充分地反映教育目标；其次是在评价中全面、充分地收集有关信息，不能偏听、偏信；最后要运用多种评价工具。

5. 目的性原则

目的性原则是指在进行教育评价时，必须要有明确的目的，不能为评价而评价。只有首先确定评价目的，才能决定采用什么样的评价标准和评价的具体方法。目的性原则是由教育评价本身的性质决定的。

贯彻目的性原则，一是要明确目的，二是要制定出具体的目标，三是要让教育中的各个个体掌握评价的具体目的。

6. 客观性和主观能动性相结合的原则

客观性原则是指我们在进行教育评价时，必须采取客观、实事求是的态度，不能主观臆断和掺杂个人偏见。因为评价是否客观，关系到评价结果是否正确，也关系到评价目的是否能实现。要贯彻客观性原则，评价者首先要做到客观公正，实事求是。在收集、整理和分析资料的过程中，在进行价值判断时，都必须以事实为基础。在全面收集资料时，不能只听个人的意见。

在遵循客观原则的同时，也要注意发挥评价者的主观能动性。教育评价实际上是一个看本质，由表及里、由此及彼、去伪存真的过程，必须对资料进行一系列的分析、综合、概括、抽象。因此，只有发挥评价者的主观能动性才能获得比较客观的结果。

7. 定量评价和定性评价相结合的原则

定量评价是对教育过程和结果从量的方面来进行分析评价。这种分析侧重于量的方面，通过数量化的说明对所评价的对象做出解释。定性评价侧重于质的方面，通过评价对象进行质的、深层次的分析评价。

由于教育是一种复杂的社会现象，有些是可以用数量来表示的，对这些对象用定量的方法进行评价清晰可见，简明易懂；但有些现象不宜用数量来表示，必须用定性的方法来评价。因此，在教育评价中定量分析和定性分析必须相结合，相互补充、相辅相成。

8. 静态评价和动态评价相结合的原则

静态评价是对被评价对象已经达到的水平或已经具备的条件进行评价。这种评价在评价时不考查评价对象过去的发展情况和今后的发展趋势，只考查评价对象在特定的时间和空间中的现实状态，它有助于进行横向比较，便于看清评价对象达到的标准。动态评价是对评价对象发展状态的评价，它在评价时注意评价对象的发展潜力和发展趋势，重在纵向比较，便于看清评价对象的变化过程，从而发现其发展规律。

静态评价与动态评价各有所长、各有所短，在进行教育评价时，必须把二者结合起来，既要考查评价对象的现实情况以便横向比较，又要考虑评价对象的发展情况以便纵向比较。

9. 单项评价和综合评价相结合的原则

单项评价是对评价对象的某个方面进行评价，综合评价是对评价对象进行完整的、系统的评价。单项评价必须考虑各个项目与整体的协调性，综合评价则必须以单项评价的各项目评价为基础。

教育工作由许多子系统构成，它涉及许多相对独立的方面或组成部分，因此在评价时必须对各方面进行评价。同时，教育活动又是一个极其复杂的活动，虽然它涉及的各方面是相对独立的，但又是紧密联系在一起的整体，只有把这些方面协调起来进行评价才能改进我们的工作。

因此，在教育评价中我们应把单项评价与综合评价结合起来，使单项评价成为综合评价的基础，使综合评价成为单项评价发展的动力。

10. 评价与指导相结合的原则

教育评价不仅仅是评定等级、鉴别优劣，还是改进和提高，这就要依靠指导和正确的导向。指导是评价的继续和发展，它把评价结果上升到一定的理论高度加以认识，并根据评价对象所具有的主客观条件，从实际出发，帮助评价对象掌握自身在今后一个时期内发展的方向，扬长避短，争取更大进步。

(二)教育评价的功能

从系统的观点出发，我们一般把研究对象看作一个系统。在评价一个系统的作用时，首先要评价系统内各要素的组织形式及在运动状态下各要素所发挥的作用。[①] 具体地说，就是评价系统中各要素之间相互联系、相互制约，从而使系统发挥更大的作用。教育心理学和教学论专门研究了教学评价对提高教学效果的作用，具体可以概括为以下几个功能。

1. 诊断功能

评价是对教学结果及其成因分析的过程，借此可以了解教学各方面的情况，从而判断它的成效和缺陷、矛盾和问题。全面的评价工作不仅能估计学生的成绩在多大程度上实现了教学目标，而且还能解释成绩不良的原因，如在学校、家庭、社会和个人中哪方面的因素是主要的。就学生个人来说，主要受智力因素，还是学习动机等其他非智力因素的影响，抑或是两者兼而有之。教学评价如同体格检查，是对教学现状进行一次严谨的科学诊断，以便为教学决策或改进指明方向。

2. 激励功能

评价对教学过程有监督和控制作用，对教师和学生有一种促进和强化

---

① 胡中锋：《教育评价学(第三版)》，356 页，北京，中国人民大学出版社，2016。

的作用。通过评价反映出教师的教学效果和学生的学习成绩。经验和研究都表明，在一定限度内，经常记录成绩的测验对学生的学习动机具有很大的激发作用。这是因为，较高的评价能给学生带来心理上的满足和精神上的鼓舞，可以激发他们向更高目标努力的积极性；即使评价较低，也能催人深思，激起师生奋进的情绪，起到推动和督促作用。

3. 调控功能

评价的结果必然是一种信息的反馈，这种信息可以使教师及时知道自己的教学情况，也可以使学生体验学习的成功或失败，从而为师生调整教与学的行为提供客观依据。教师据此修订教学计划、改进教学方法、完善教学指导；学生据此变更学习策略、改进学习方法、增强学习的自觉性。教学评价有利于使教学过程成为一个随时得到反馈调节的可控系统，使教学效果越来越接近预期的目标。

4. 教学功能

评价本身也是一种教学活动。在这种活动中，学生的知识、技能将获得长进，甚至产生飞跃。例如，测验就是一种重要的学习经验，它要求学生事先对教材进行复习，巩固和整合已学到的知识技能，事后对试题进行分析，又可以确认、澄清和纠正一些观念。另外，教师可以在估计学生水平的前提下，将有关学习内容用测试题形式呈现，使题目包含某些有意义的启示，让学生自己探索、领悟，获得额外的学习经验或达到更高的教学目标。

5. 导向功能

教育评价的导向功能是指教育评价本身所具有的引导评价对象朝着理想目标前进的功效和能力，这是由评价标准的方向性决定的。因为在教育评价中，对任何评价对象所做的价值判断，都是根据一定的评价目标和评价标准进行的。评价目标、评价标准、评价指标及其权重，对评价对象都起着指挥棒的作用，为他们的努力指明方向。通过评价的导向作用，我们可以引导某项教育活动朝着正确的方向发展。例如，在基础教育中，多年来存在着重视教学成绩，轻视科学研究的倾向，我们就可以用加大科研权重的办法来改变这种倾向，如在一轮骨干教师的评选活动中，提高对骨干教师科研课题的要求。随着时代的进步和教育的发展，教育评价的内容和重点也必须与时俱进地及时加以调整，这既是教育发展的实际需要，也是发挥教育评价导向功能的客观要求。

6. 鉴定功能

教育评价的鉴定功能是指教育评价认定和判断评价对象合格与否、优劣程度、水平高低等实际价值的功效和能力，它与教育评价活动同时出现并始终伴随教育评价存在。[①] 由于教育评价是依据一定的标准进行的，这就决定了教育评价对评价对象具有鉴定优劣、区分等级、排列名次、评选先进、资格审查等鉴定功能。鉴定功能是教育评价的基本功能，其他功能是在科学鉴定的基础上实现的，只有认识对象才能改变对象。鉴定首先是鉴，即仔细审查评价对象，然后才是定结论。科学的鉴定应该在事实判断之后才做价值判断。教育评价的鉴定功能，为领导决策提供参考依据，在教育发展中发挥了积极的促进作用。但它有时也可能会增加学生的课业负担和心理负担，产生一定的消极影响。目前，我们取消小学百分制，实行等级＋特长＋评语的学生评价制度改革，正是为了消除这种消极影响。由此可见，评价者只有通过评价，根据被评价者达到目标的程度，才能给予恰如其分的不同对待，进行有针对性的正确指导，以促进工作的进步；被评价者也只有通过评价，才能确切地了解自己与评价目标的差距，明确自己的努力方向。

7. 监督功能

教育评价的监督功能是指教育评价对评价对象起到检查、督促的功效和能力。它的检查作用主要表现在教育评价总是将评价对象与评价目标来进行比较，以确定评价对象是否达到目标，以及达到目标的程度；它的督促作用主要体现在教育评价总是能找出评价对象与目标的差距，使评价对象明确以后努力的方向和途径，督促评价对象朝着评价目标前进。各级教

---

① 杨晓江：《美国基础教育鉴定制度浅析》，载《比较教育研究》，2001(9)。

育主管部门就是通过教育评价来对下级教育行政部门及学校进行宏观管理的。

三、STEAM 教育评价的作用

(一)STEAM 教育评价对教师的作用

1. 考虑所教授的内容

STEAM 教育在我国的发展对教师提出了更高的要求，教师需要重新整合教学知识。基于 STEAM 教育理念进行的教学设计，促使教师不断反思所教授的内容领域和使用的评价方法与其他领域教学内容和评价方法的区别，并反思自己在 STEAM 教育的教学评价中需要做出哪些改变。

2. 考虑学生的学习过程

学生学习的元认知、自我评价和反思能力在整个学习过程中起着至关重要的作用。学生是否可以进行有效的自我评价和同伴评价，是否可以通过团队合作学习获取更多的知识与技能，能否在学习过程中不断提升创新实践能力，显得尤为重要。

3. 考虑自己的 STEAM 教育活动

批判性地检查 STEAM 教育活动、教案等，并组成一个系统化的整体，教师需要不断反思与批判 STEAM 教育活动是否涵盖了课程中的标准和目标，设计的教学评价与标准和目标是否匹配，终结性评价与形成性评价是否处于平衡状态，在有效的教学时间内是否提供了有用的形成性反馈以及如何确保将反馈信息及时传递给学生，让学生在下次评价之前做出努力。这些问题需要教师在教学活动前后不断地进行反思和改进。

4. 对照传统教学实践思考 STEAM 教育活动

教师要考虑在课程结构和教学实践中需要做出哪些本质性调整或修改，并思考 STEAM 教育中哪些方面能够吸引教师做出努力。如果教师感觉目前的教学效果已经达到满意的状态，那可能标志着在 STEAM 教育活动中广泛渗透的社会责任感已经很好地融入教学活动过程中了。①

(二)STEAM 教育评价对学生的作用

1. 学习状态

学习状态是指学生在学习过程中情感、态度的投入状态，具体体现为学生在学习过程中的兴趣。任何教学效果都必须通过调控学生的学习状态才能实现。学生在课堂上有好的学习状态就会有好的发展，并通过学习产品的展示等各方面表现出来。学习状态包括参与状态、交往状态、思维状态、情绪状态和生成状态。②

参与状态：学生是否全员参与学，学生是否参与教，把教与学的角色集于一身，从而达到以学促教，以教促学，教学相长的效果。

交往状态：课堂上是否有多边、丰富多样的信息联系与信息反馈；课堂上的人际交往与合作是否处于一种积极、融洽的状态。

思维状态：学生是否敢于提出问题，发表见解；问题与见解是否有挑战性和独创性；在提出问题，发表见解的过程中，学生的灵感是否被不断激发，思维能力是否得到不断提升。

情绪状态：学生是否有适度的紧张感和愉悦感，学生能否自我控制与调节学习情绪。

生成状态：学生是否都各尽所能，感到踏实和满足；学生是否对未来的学习更有信心，感到轻松。

2. 个人责任

STEAM 教育活动一般是以项目活动的形式开展的，这对学生的合作能力、团队意识要求更加严格，这就需要学生不断提升个人责任感。在教学评价活动中，教师会随机抽取学生对团队工作、学习产品等进行介绍或者解释，这就意味着团队得分部分取决于个人表现。这就要求学生具备极高的个人责任感，对团队、对自己负责。

---

① 彭敏、朱德全：《STEAM 有效教学的关键特征与实施路径——基于美国 STEAM 教师的视角》，载《远程教育杂志》，2018(2)。

② 王刚：《促成深度学习的深度课堂观察》，载《教学与管理》，2016(28)。

3. 自我调控

明确的评价可以帮助学生自我调控自己的行为。当学生融入评价过程中时，有两个层面的自我调控。第一层面是指学生共同参与 STEAM 教育评价开发时进行自我调控。在这一开发过程中，学生将树立主人翁意识，清楚地理解要从哪些方面评价学习以及如何评价学习。在这个过程中允许学生决定自己手工制品达到的预期目标，对评价量规的深入理解可以促进学生进行自我调控已达到评价量规设计的预期目标，从而体现出学生是学习的主人。第二层次是指学生在运用自己设计的评价量规过程中学会了自我评价和同伴评价。学生通过自我评价可以了解自己的强项和弱项，确定和调整自己努力的方向，这是学生对自身负责的表现，同时学生通过同伴评价的信息反馈进一步增强自我调控能力。

第二节　STEAM 教育评价的类型

一、按基准分类的 STEAM 教育评价

按基准分类的 STEAM 教育评价有相对评价、绝对评价和自身评价三种方式。

(一)相对评价

相对评价是在评价对象的群体中，选取一个或若干个对象作为基准，让各个评价对象与之进行比较，从而确定出该评价对象在集合中所处的相对位置，又称常模参照评价。

在相对评价中，评价对象的取样范围非常广，可以是一个班级的学生，也可以是一个学校甚至一个国家的学生。相对评价具有公平客观的优点，可以消除教师的主观偏见，减轻教师负担，提高管理效率，可以激发学生的竞争意识，增强学生的学习动力。[1] 同时相对评价也存在许多缺点。首

---

① 胡咏梅、施世珊：《相对评价、增值评价与课堂观察评价的融合：美国教师评价的新趋势》，载《比较教育研究》，2014(8)。

先，基准会随着群体的不同而发生变化，使评价标准容易偏离教学目标。其次，它不注重教育目标的完成度，因此可能会导致学生的盲目竞争，从而忽略自身素质的提高。最后，相对评价不能充分反映教学的优缺点，也不能有效地为改进教学提供依据。

(二)绝对评价

在评价对象的集合之外确定一个评价标准就叫绝对评价。这个标准叫作客观标准，就是在被评价对象群体之外建立一个教学评价的基准，这个标准一般根据教学大纲规定的教学目标来制定。在评价时，把评价对象与客观标准进行比较，以达到目标为标准。为绝对评价进行的测验一般称为标准参照测验，它的试题取样范围就是之前确定的教学目标，测验成绩直接反映达到教学目标的程度。绝对评价的优劣是显而易见的，它的优点是可以比较明确地看到自己与教学目标的差距，因此弥补教学缺陷，缺点是难以区分学生间的真实差异。

(三)自身评价

自身评价的评价方法既不是在群体之外建立标准，也不是在群体内建立标准，而是把个体的过去与现在进行比较，进而判断学习现状和趋势。这种评价方法尊重个体差异，因材施教，尊重学生的个性特点，通常与相对评价一起使用。

二、按内容分类的 STEAM 教育评价

按内容分类的 STEAM 教育评价有过程评价和结果评价两种方式。

(一)过程评价

过程评价是一种把每个评价对象的过去与现在进行比较，或者把每个评价对象的有关侧面进行比较，从而得到评价结论的教学评价类型。这个过程是相对于结果而言的，并不是不关注结果，而是关注教学过程中学生智能的发展性结果，及时对学生的学习质量进行判断，找出并解决问题。[①]

---

① 王辉：《教学绩效考核过程性评价不足的影响与改进》，载《教学与管理》，2019(31)。

(二)结果评价

结果评价又叫产品评价，用于关心和检查计划实施后的结果。例如，某个教学设计方案的结果，它倾向于总结性评价，但也可为形成性评价提供借鉴和参考价值。

三、按功能分类的 STEAM 教育评价

按功能分类的 STEAM 教育评价有诊断性评价、形成性评价和总结性评价三种方式。

(一)诊断性评价

诊断性评价也称教学前评价或前置评价，一般是在某项活动开始之前，为使计划更有效地实施而进行的评价。

它涉及的内容主要有：学生在前一阶段学习中知识储备的数量和质量；学生的性格特征、学习风格、能力倾向及对本学科的态度；学生对学校学习生活的态度、身体状况及家庭教育情况等。

一般来说，教师对学生进行诊断性评价借助的手段主要有：以前的相关成绩记录、摸底测验、智力测验、态度和情感调查、观察、访谈等。

诊断性评价最大的优点就是教师能够对自己的教育对象做到心中有数，对学生的已有知识、道德情感、性格特点等都有所了解，以便在下一步的教育教学活动中抓住有利的时机，有针对性地、及时地、准确地对学生的学习行为做出评价，从而收到较为理想的教育教学效果。

(二)形成性评价

形成性评价是在教学过程的某个阶段或者某项活动中进行的，教师针对某个问题进行诊断、分析与评价。由于形成性评价是在教学的组织和实施过程中进行的，因此可以根据教学中存在的问题随时调整教学计划，这有利于教学过程的完善，也有利及时发现学生的问题并有针对性地进行指导、调整和完善。

(三)总结性评价

总结性评价又叫事后评价，一般在教学活动的结束阶段进行，如期末

考试、各科考核等。注重教与学的结果，从而对整个教学方案进行有效评定。三种评价方式的比较如表 5-1 所示。

表 5-1   诊断性评价、形成性评价和总结性评价的对比

类型要点	诊断性评价	形成性评价	总结性评价
实施时间	教学之前	教学过程中	教学之后
评价目的	摸清学生底细以便安排学习	了解学习过程，调整教学方案	检验学习结果，评定学习成绩
评价方法	观察、调查、作业分析、测验	经常测验、作业分析、日常观察	考试或考查
作用	查明学习准备情况和不利因素	确定学习效果	评定学业成绩

四、按方法分类的 STEAM 教育评价

按方法分类的 STEAM 教育评价有定性评价和定量评价两种方式。

(一)定性评价

定性评价是对评价资料做质的分析，运用分析和综合、比较与分类、归纳和演绎等逻辑分析的方法，对评价所获得的数据、资料进行思维加工。定性评价不运用数学的方法，而用经验、观察与分析的方法对学生的表现做出心理学及教育学的解释。定性评价更符合现在的教育理论观念，然而，由于它模糊的评价方法可能会导致结果并不准确。

(二)定量评价

定量评价是采用数学的方法，收集和处理数据资料，对评价对象做出定量结果的价值判断。例如，运用教育测量、统计的方法、模糊数学的方法等，对评价对象的特性用数值进行描述和判断。

定量评价具有标准化、客观化、精确化的特点，可以满足以选拔为主的教育目的，但由于其时时强调量化，从而容易忽视学生个性的发展与多元智能的培养。

五、按对象分类的 STEAM 教育评价

按对象分类的 STEAM 教育评价有对教师的评价和对学生的评价两种方式。

(一)对教师的评价

对教师的评价可以从教学思想、教学态度、教学能力和知识素养几方面来进行。教师是教育中一个必不可少的要素，对教师必备的知识和能力进行评价，可以找到教学中存在的问题，从而完善教学方案。

(二)对学生的评价

对学生的评价可以从学生在学习过程中情感态度的投入状态、思维状态、是否能调节自我情绪、学习效率及学习结果几方面来进行评价。

第三节　评价维度与量规的制定

一、评价维度的确定

STEAM 教育旨在培养复合型创新人才，促进学生的全面发展。因此，在教育评价中教师要从多维度对学生的学习过程和学习结果进行综合性评价。目前，我国教师在教学中一般从知识与技能、过程与方法、情感态度与价值观三个维度对学生进行评价。为促进学生个性化发展，提高学生参与度，在 STEAM 教育中，将从以下几个维度进行评价。

(一)学习与创新

有良好的学习习惯，能够实施有效的学习计划，善于提出问题和解决问题，善于在学习中总结与反思，有运用科学的方法解决问题和构建知识的能力，在包括综合实践活动在内的各类学习活动中具有创新动机、创新旨趣和创新情感等，具备从事创新活动的原理、技巧和方法。

（二）合作与交流

具备合作意识，能够充分理解合作的意义和目的，积极主动地参与各类综合学习活动的合作环节，善于在合作过程中与他人进行沟通与交流，探究恰当的合作方式来提高合作效率，能够在合作中完成相应的分工任务，具备总结、归纳、反思的能力。

（三）审美与表现

对艺术实践活动有浓厚的兴趣，并有继续探究和学习艺术的愿望，善于和他人合作，积极主动参与各类艺术实践活动，具有良好的审美能力和欣赏艺术作品的习惯，能正确选择自己喜爱的艺术表现形式，独立而自信地展示个人在艺术表现方面的才能。

（四）个人素养与社会实践

学生在学习过程中具备良好的社会责任感和责任意识，面对问题时能冷静思考，有过硬的心理素质，保证学习有效稳定的进行。与此同时，学生还要具备灵活的社会实践能力，学以致用，能将所学知识运用到社会问题解决的过程中去。

二、评价量规的开发

评价量规的目的是为教师提供重要的指导信息。在使用评价量规过程中，需要牢记教师要为学生做好准备，然后再在课堂上使用量规进行评价这一原则。例如，教师应该先给出学生评价量规的使用方法和评分机制，这样才能保证评价量规的有效使用，而不显得突兀，从而促进学生的学习并激发学生的创造性和深层次的 STEAM 学习。

评价量规是对学生过程性评价和总结性评价的一种反馈，为学生在自我评价和同伴评价过程中提供指导，帮助教师对学生进行高效的评估。设计良好的评价量规一是要包括反映各项标准的具体内容和活动概念生成的成分，以及学生需要达到的学习目标；二是评价量规的设计内容要提供足够的信息来帮助学生理解自己已掌握的知识和未掌握的知识，并对学生需要学习的内容给予方向性指导。值得注意的是，设计量规时要将关键而重要的方面给予更多的重视，要少关注那些与界定结果没有明显关系的内容。

对评价量规进行评分时，可以运用评价分数或评价等级体系来表示。评价分数比较直观明确，而评价等级体系相对比较模糊。在设定评价分值或等级时，量规评分范围要与评分等级体系相对应，以达到理想化评价量规设计。

三、量规制定的过程

评价量规的制定需要教师团队根据教学内容和学生表现不断进行调整。在制定评价量规的过程中，一般分为以下步骤。

(一)明确内容

教师在设计评价量规前，必须确定教学内容，明确教学目标以及学生所要达到的目标。根据教学内容、教学方法、教学目标等选择并确定量规样本。

(二)确定评价指标

教师通过明确内容，将教学内容分割成不同的小单位，根据教学目标在每一阶段设计形成性评价和总结性评价。教师对每一阶段教学目标进行细化，形成详细而具体的评价指标。例如，在研究性教学活动中，首先将评价指标分为研究问题、信息收集、信息分类、信息分析和最终学习产品五部分(如表 5-2 所示)。

表 5-2　确定评价指标

等级	研究问题	信息收集	信息分类	信息分析	最终学习产品
4					
3					
2					
1					

(三)确定评价标准

评价指标确定后，教师为每个评价指标设定评价标准，继而在文献分析、调查问卷和访谈的基础上制定相应的评价等级，为评价指标的每个等级制定评价标准(详见表 5-3、表 5-4)。

表 5-3 为每个评价指标制定评价标准

等级	研究问题	信息收集	信息分类	信息分析	最终学习产品
4	学生围绕一个主题,自己确定问题	从多种电子和非电子的渠道收集信息,并正确地标明了出处	学生给信息分类,自己开发了基于计算机的结构,如数据库	学生分析信息,并得出了自己的结论	学生有效地使用综合媒体,以多种方式展示了自己的发现,并发布到网上
3					
2					
1					

表 5-4 为评价指标的每个等级制度制定评价标准

等级	研究问题	信息收集	信息分类	信息分析	最终学习产品
4	学生围绕一个主题,自己确定问题	从多种电子和非电子的渠道收集信息,并正确地标明了出处	学生给信息分类,自己开发了基于计算机的结构,如数据库	学生分析信息,并得出了自己的结论	学生有效地使用综合媒体,以多种方式展示了自己的发现,并发布到网上
3	给出主题后,学生自己确定问题				
2	学生在教师的帮助下确定问题				
1	教师给出问题				

(四)完善评价量规

教师根据评价指标和评价标准形成评价量规草案,之后将在学生、其他教师甚至相关专家的参与下不断完善评价量规。教师通过示范让学生使用量规并提出自己的建议,可以帮助学生发展自我评价和同伴评价的技能,同时可以向教师提供反馈意见,促使教师在教学过程中高效评价学生的学习效果。

第四节　STEAM 教学评价实施

一、STEAM 教学评价实施的过程与方法

教学评价一般分为三个阶段，分别是评价准备阶段、评价实施阶段和评价管理阶段。

(一)评价准备阶段

评价准备阶段，首先，要明确评价目的，确定评价对象和评价者。针对不同的评价对象，要相应地改变评价目的和要求。例如，对学习基础好的学生和基础差的学生，应该用不同标准来评价。其次，评价者应该充分做好准备工作，了解评价对象的基础与背景，如学生之前是否上过 STEAM 课程或者对 STEAM 课程是否了解，是否有科学课的基础等，并与评价对象沟通，来确定评价对象的个性化评价目标、评价内容和评价标准。

这个阶段的工作是 STEAM 教学评价的基础环节，其准备的充分程度为评价的顺利、有效进行奠定了基础。

(二)评价实施阶段

评价实施阶段分为听和评的环节。首先，教师要对整节课进行充分了解，并收集信息，对教学环节中学生的表现、教师的表现有大致了解，对学生的参与程度、教师的素养等进行随堂记录。

其次，教师对准备阶段制定的量表或要点进行总结归纳，指出问题，并修改教学方案与计划，从而更好地提升日后的教学。

(三)评价管理阶段

评价管理阶段是指对每一次、每一阶段的评价档案进行保存，以便日后的使用和观察。

二、STEAM 教学评价实施的策略

(一)评价学生的听课行为

听课是学生接受知识的重要途径之一,是其他学习方式都不能取代的。因此,正确有效地对学生的听课质量做出评价是有效教学的依据和基础。可以从学生自评听课前的知识储备、教师观察评价学生的听课表现及学生互评几方面入手。

(二)评价学生在小组合作中的活动

以小组为单位的合作学习已经是一种常见的教学方法。小组合作学习有助于学生发现、探索知识,是自主、自觉探究和构建知识的过程,对学生知识、能力的获得有重大意义。所以采取小组内成员互相评价策略,并以小组之间评价的策略做辅助,既能很好地调动学生的积极性,又能增强学生的竞争意识。

(三)评价学生的课堂学习效果

一堂课结束时,要确定学生是否掌握了知识,应该进行课堂学习效果评价。在此类评价中可以采用分层评价策略,将问题分成记忆型、理解型、创新型三个层次,课堂测验分为基础、综合、拓展三个层次,目标分成有进步、进步很大、表现出色三个层次,对不同的学生选择不同的评价方式,激励每一位学生取得进步。

(四)对课堂评价进行反馈

反馈评价结果既可以促进课堂教学又可以优化学生的学习。在课堂上可以直接利用语言或测试的分数将评价的信息及时地反馈给学生,在课下可以通过个别谈话把评价的信息反馈给学生,还可以利用家校联系表将评价的信息反馈给家长和学生。没有反馈的评价是没有意义的,作为一名教师,应将评价的信息准确地、科学地反馈给学生,使课堂教学得到良性发展,从而实现高效教学。

三、STEAM 教学评价实施的模式

根据斯塔弗尔比姆 1981 年的统计，20 世纪 80 年代开始已经出现了 40 多种评价模式，本书将选取几种有代表性并在今天仍发挥主要作用的评价模式予以介绍。

(一)泰勒模式

泰勒模式是一种围绕教学目标构建的教学评价模式。它由四个部分组成，即确定目标、选择经验、组织经验、评价结果。泰勒模式强调根据事先制定的目标选择教学内容和方法，然后改善和评价教学制度，直到达到目标。

(二)CIPP 模式

CIPP 模式突破了泰勒模式，是一种动态的、全面的、系统的评价模式，它以决策为中心，结合了背景、输入、过程和结果四类评价，也被称为决策类型模式。

(三)差别模式

差别模式以课程开发和管理为目的，旨在比较课程表现和设计标准之间的差异，并以此为依据来改进课程与教学。它主要由确定课程标准、确定课程表现、对标准与表现进行比较、确定差别是否存在四个部分和设计阶段、装置评价阶段、过程评价阶段、成果评价阶段、成本效益评价阶段五个阶段组成。

(四)外貌模式

斯泰克在泰勒模式的不足上提出教育评价必须关注以下信息的收集：目标实现与否的信息、计划课程与实际课程之间损耗的信息、先在条件对课程实施所产生影响的信息。由此提出先在因素、实施因素和结果因素。①

1. 先在因素

先在因素指教学存在的前提条件，如能力倾向、已有的知识经验、学

———————————

① 刘凯：《STEM 教学评价模式探讨——以〈计数器的设计与测试〉为例》，载《课程教育研究》，2019(47)。

习兴趣、学生的态度等。

2. 实施因素

实施因素指在教学中与学生相关的各种联系，如师生、生生间的交流互动、教学材料的提示、班级讨论、相关操作练习等。

3. 结果因素

结果因素指教学产生的全部影响，包括学生的获得能力、态度、情感；教学对教师等教学者的影响测定；资料、环境、费用等相关数据。

(五)实施案例

STEAM 教学评价案例在各种 STEAM 实验中可以借鉴的部分较少，本书以儿童 STEAM 研究团队开发的课程之一"保护小浣熊"为例来进行介绍。

保护小浣熊

本课通过给学生提供气泡膜、报纸、空气柱、海绵等不同的包装材料，先让学生自己设计图纸，然后根据设计图纸进行面饼的包装，进行摔打测试，最后测量面饼质量来判断学生的设计是否合理，并让学生对自己的设计方案进行优化。课程涉及科学、技术工程和艺术三个方面。在本堂课中，教师可以根据课堂上学生设计的图表进行教学评价，并根据学生课堂表现、家长评价、学生获得的能力、情感态度等一系列指标进行评价。

1. 教学目标

知识与技能目标：了解不同材料的成分及作用。

过程与方法目标：增强学生的创新意识，提高他们的创新能力及动手能力，培养他们的团队合作意识。

情感态度与价值观目标：培养学生对生活中实际问题的钻研态度。

STEAM 教学目标：本课涉及 STEAM 中的四个维度。

科学：知道材料的不同选择及组合方式影响快递包装的缓冲、减震能力。

技术：能够通过改变材料的结构来改变包装的缓冲能力。

工程：根据所给材料进行快递包装。

艺术：对包装盒的美化。

2. 教学用具

宽胶带、气泡膜、纸箱、空气柱、毛巾、面饼、海绵、报纸。

3. 教学过程

(1)创设情境，观察体验

小朋友们，网购已经成为现在人们的一种生活习惯，很多在现实生活中难以买到的东西，大家就会选择网购，老师最近就从网上买了两个玻璃杯……

(情境导入：助手把两个快递送进来)

小朋友们来看，老师的快递到了，这两个玻璃杯有一个碎掉了！它为什么会碎掉呢？大家来一起观察一下，两个玻璃杯的包装有什么不同。(一个包装的很完好，另一个被单独放进纸箱里没有包装)

在日常生活中，我们在网上买的东西也可能会破损，下面，我们来看看在日常生活中快递员是怎样运输快递的(播放视频)，这个时候应当怎么办？

(用材料对易碎物品进行包装)

(2)明确标准，设计方案

在现实生活中，快递员也想到了这个问题，当遇到易碎物品时，他们往往都会用一些材料把快递包装得很严实，而且也有一定的要求(播放快递包装要求)，这样才能保证送到的物品是完好无损的。

现在老师手里有一个面饼，我们每个小朋友都来当快递员，看看谁能把这包面饼保护得最好。现在我们来一起看看有哪几种材料可以使用(气泡膜、报纸、空气柱、海绵)。

教师让学生了解每种材料的特点，并让学生自己画出设计草图。

(3)选择材料，模仿制作

根据刚刚的设计图，让小朋友们用选择的材料进行包装，并符合包装快递的要求。

（4）测试性能，优化方案

包装完成后，进行摔打测试，每个包裹摔打五次，最后再测量剩余面饼的质量，填入表格（表 5-5）。如果有时间，可以进行改进，并让学生说出改进思路。

（5）交流分享，反思拓展

挑选几个小朋友，让他们说说自己是怎样包装的。

（6）教师总结

选出包装最好的作品来进行评价，让学生说出自己是怎么进行包装的，并带领小朋友们进行思考：他是怎么做的，自己怎么做才能更好，并说说在日常生活中每种材料怎么用才更符合需求。

表 5-5　测一测

材料	数量	剩余面饼质量
气泡膜		
海绵		
报纸		
空气柱		
毛巾		

第六章　儿童 STEAM 教育实践

　　本章内容在基于项目开展的小学阶段 STEAM 教育实践研究的基础上，从不同学段、不同活动场所的 STEAM 案例中精选了具有代表意义的 STEAM 活动。其中，低年级活动案例针对小学一至二年级，中年级活动案例对应小学三至四年级，高年级案例面向五至六年级学生开展，场馆案例是对研究场域范围内公共场馆进行的本土化 STEAM 课程的开发与实践。各案例在教育实践的基础上，根据师生反馈和专家点评再次进行了教学完善，希望为一线 STEAM 教师提供一定的参考价值。

第一节　低年级 STEAM 活动案例

案例 1"有趣的沉与浮"

一、活动主题

　　测力器在日常生活中非常常见，测力器具有怎样的结构呢？如何运用测力器测重量呢？本主题需要学生对日常生活中体重秤、电子秤的使用及读数有一定的了解。通过 PPT 展示，教师带领学生了解体重秤、电子秤的使用方法和用途，组装测力器，运用测力器测量物体重量，感受弹性形变，感知物体的沉浮现象，运用测力器分别测量物体在空气中与在水中的重量，并进行对比。STEAM 教育中的 S 在本案例活动中主要体现在对比几种称重设备的使用方法和用途、物体的沉浮原理方面；T 主要体现在运用测力器测量物体的重量方面；E 主要体现在运用实验材料包，动手组装测力器方面；M 主要体现在感知物体的重量，感受测力器弹簧形变程度，画出弹簧大小方面。

二、学情分析

本案例主要面向小学一年级及二年级学生，一般年龄为 7～9 岁，正处于从学前阶段向小学低年级转向的过渡期。该学段的学生对生活中的称重设备有一定的了解。在认知过程中，无意性和具体形象性占有重要地位，虽然能够进行有目的的感知觉或观察，但他们的知觉还有一定程度的混淆性和无意性。思维带有很大的依赖性与模仿性，具有直观、具体、形象等特点，已经具有思考能力及一定的表达能力。该学段的学生活泼好动，对动手搭建项目具有较强的好奇心和探索的欲望，但他们的动手操作能力较差。因此，在设计课程时应以学生实践为主，以讲述为辅。

三、提供材料

活动场地：能够播放 PPT 课件的多媒体教室。

教师提供的材料：组装测力器实验的材料包、体重秤、电子秤、塑料杯、螺母、铜线、羽毛、水。

学生需要自己准备的材料：铅笔、橡皮。

四、活动流程

课时 1：组装弹簧测力器

(一)课程导入，激发兴趣

师：小朋友们，你们知道自己的体重吗？如果想知道自己的体重有什么办法呢？

生：不知道；我 40 斤……称一下。

师：老师有一个体重秤，每位小朋友来称一下体重并记录下来吧。

（学生称体重，记录体重）

（二）初步感知，启发思考

师：小朋友们知道了自己的体重，那你们知道这块橡皮有多重吗？

生：不知道，可以称一下。

师：现在老师把橡皮放在体重秤上，你们仔细观察，为什么称不出来呢？

生：（学生发现没有读数）橡皮太轻了。

师：那对于小巧轻便的物体，我们可以用这种电子秤，下面你们可以称下自己身边的东西的重量，如铅笔、橡皮等。

（动手称物体重量，记录数据）

（三）深入探索，观察感悟

师：在生活中，除了体重秤和电子秤，你们还见过哪些秤？

生：弹簧秤。

师：（展示 PPT，介绍其他的秤：台秤、杆秤、天平秤等）今天我们就来组装一个简易版的弹簧秤，也叫弹簧测力器。

（学生认真听讲，观察弹簧秤的结构）

（四）任务驱动，动手操作

师：（介绍实验材料包）在组装弹簧测力器之前，我们需要制作一个测力杯，这样就可以把物体放在里面称重了。

生：动手组装测力杯、测力器。

师：下面我们就用测力器来称下物体的重量吧，小朋友们认真观察一下，测力器在测量物体的时候弹簧有什么变化呢？试着画出来吧！（画出指针的位置以及弹簧的变化）

生：测量物体重量，观察弹簧的变化并用笔画出来。

（五）表达交流，归纳总结

师：小朋友们，在测量比较重的物体时，弹簧有什么变化？

生：物体越重，弹簧变得越长。

师：这节课我们学习了组装测力器，还学会了给物体测重量，课后，回到家里，小朋友们也可以试着给家里的东西称重量。

课时 2：了解物体的沉浮状态，运用测力器测量浮力

（一）课程导入，发现问题

师：小朋友们，假如你们出去玩耍时，突然遇到一条很深的河怎么办呢？

生：游泳、坐船。

师：船为什么不会沉底呢？

生：因为船可以浮起来。

（二）初步感知，启发思考

师：所有的物体放在水中都会浮起来吗？

生：不是。

师：小朋友们想一想，生活中的哪些物体放在水中可以浮起来？哪些物体会沉底？

生：羽毛、塑料袋、树叶可以浮起来，石头、桌子会沉底。

（三）深入探索，观察感悟

师：是不是轻的物体会浮在水面上，比较重的就会沉底呢？

生：是。

师：那么到底多轻的物体可以浮起来，多重的物体会沉底呢？下面，我们就一起来做个小实验测量一下。

（教师分发实验材料包并介绍材料，演示在水中测量物体重量的方法）

（学生认真观看教师演示）

（四）任务驱动，动手操作

师：每一位小朋友先用测力器测一下物体的重量，在表格里画出弹簧的大小，再把它放到水里运用测力器测试一下，画出弹簧的大小。

（学生运用测力器分别测量物体在空气中以及水中的重量，画出弹簧的形变程度）

（五）表达交流，归纳总结

师：小朋友们，把物体放在水里后，弹簧测力器有什么变化吗？为什么呢？

生：弹簧变短了，是因为水在托着它。

师：对，浸在水里的物体受到水向上托的力就叫作浮力，浮力的作用使弹簧形变减小，也就是测量出来的物体重量变轻了。

师：这节课我们学习了组装测力器，还学会了在空气中和水中给物体测重量，了解了什么是浮力。那么，如果把水换成其他液体，浮力还会存在吗？小朋友们，可以自己回家做一下这个小实验。

五、活动任务单

引导性工作单

课时 1：

表 6-1　弹簧测力器变化表

物体名称	弹簧变化

课时 2：

表 6-2　弹簧测力器在空气中与水中的变化对比表

物体名称	弹簧大小(空气中)	弹簧大小(水中)

工程效果图：

图 6-1　弹簧测力器测重量　　　图 6-2　弹簧测力器测浮力

六、进阶提高

从前有个聪明的孩子叫小明，有一天，他与小伙伴在树下踢球，不知谁一脚把球踢进了树洞里，小伙伴们有的用棍子拨，有的伸手去拿，可是树洞非常深，怎么也拿不出来。同学们有什么好办法从树洞中取出球来吗？

七、总结与评价

通过一系列的教学活动，学生不仅对日常生活中的称重设备的使用方法和用途有了一定的了解，而且还学会了组装测力器、测力杯，并运用测力器测量物体在空气中和水中的不同重量，知道了什么是浮力。同时，不同的测力器在不同应用领域作用也有所不同。其中，学生表现评价表见表 6-3。

表 6-3　学生表现评价表

	有待改善	一般	良好	优秀	总分
课堂参与度	不参与课堂互动（5分）	不发言，但认真倾听他人发言（10分）	偶尔发言，与教师、学生交流（20分）	积极发言，积极与教师、学生交流（30分）	

续表

	有待改善	一般	良好	优秀	总分
动手搭建能力	只观察，不动手搭建（5分）	通过观察、模仿进行搭建，需要较多帮助（10分）	通过观察、模仿进行搭建，需要较少帮助（20分）	自主搭建，不需要他人帮助（30分）	
问题解决能力	遇到问题，询问他人解决（5分）	在他人的帮助下，解决问题（10分）	通过观察、模仿正确操作，解决问题（20分）	运用工具，自己尝试解决问题（30分）	

案例 2"小小昆虫"

一、活动主题

(一)活动意图

无论何时、何地，我们都会发现昆虫的踪迹，无论是绚丽多彩的春天，还是骄阳似火的夏天，抑或是冰天雪地的冬天，大自然中随处可见昆虫的身影。活动利用生活中常见的昆虫（蝴蝶、蜻蜓、蜜蜂、苍蝇等）以及书籍、报刊等资料，使学生对昆虫有一个基本的认识，了解昆虫的基本特征与身体结构，完成昆虫观察记录表。培养学生动脑筋、敢于表达和独立思考的能力，能用清晰、准确的语言介绍昆虫，并动手制作形象生动的小昆虫，使学生形成对昆虫世界的兴趣，探索自然界的奥秘，培养发现和解决问题的能力，体验研究性学习的一些过程和方法。

2. 与 STEAM 五个学科的融合点（表 6-4）

表 6-4 "小小昆虫"与 STEAM 的融合点

涉及领域	融合点
科学	了解昆虫的基本结构，区分益虫和害虫，知道生活中的常见昆虫
工程	运用黏土、毛根等工具动手制作小昆虫
艺术	运用准确、清晰的语言描述昆虫，装饰、美化昆虫模型
数学	准确查出昆虫腿和翅膀的数量

二、学情分析

对于一年级的学生，在认知过程中，无意性和具体形象性占有重要地位，虽然能够进行有目的的感知觉或观察，但他们的知觉还有一定程度的混淆性和无意性。思维带有很大的依赖性与模仿性，具有直观、具体、形象等特点，已经具有思考能力及一定的表达能力。

三、提供材料

活动场地：能够播放视频与图片的多媒体教室。

教具：《昆虫总动员》视频，各种昆虫的图片，蝴蝶、瓢虫、蚂蚁等仿真模型。

材料准备：黏土、毛根、剪刀、铅笔。

四、活动流程

课时 1：我认识的昆虫

（一）情境导入

小朋友们最喜欢什么动物？你们知道世界上数量最多的动物是什么吗？昆虫是种类最多、数量最多的一类动物，已知种类已有 100 多万种，它们分布广泛。你们在生活中见过哪些昆虫？（蝴蝶、蜜蜂、蜻蜓、苍蝇、蟑螂等）

一起来看一个小动画片——《昆虫总动员》，看看这个小动画片里都出现了哪些昆虫呢？

图 6-3　学生观看《昆虫总动员》

（二）初步感知

播放图片，昆虫的身体分为几部分呢？昆虫的身体分为头、胸、腹三部分。头部有各种感觉器官，有触角、眼睛、嘴。胸部是昆虫的运动中心，翅膀和腿都位于胸部，昆虫的腹部有重要的器官，如心脏、胃肠、呼吸系统等。

图 6-4　蝴蝶

我们对比一下，昆虫和人类的身体结构有哪些相同之处和不同之处？

（三）深入探索

教师给每个学生发一个昆虫玩具模型，请学生仔细观察昆虫模型，填写昆虫档案记录单（表 6-5），填完后，每个学生介绍自己所观察的"小昆虫"。

（四）教师点评

教师根据学生在昆虫档案记录单中填写的情况与学生进行师生互动，总结昆虫的一般特征，布置制作昆虫的任务。

课时 2：动手制作昆虫

（一）动手操作

让学生用黏土、毛根自主制作昆虫，可采用小组合作的形式，大胆发挥想象，设计作品。

（二）教师巡视

教师在巡视过程中，对勇于创新的学生予以表扬，提醒学生活学、活用，多运用以前学过的知识进行创作，鼓励学生做出与众不同的昆虫。

（三）作品展示与评价

每位同学展示自己的作品并合影留念（如图 6-5），自己评价与同伴互评、教师点评相结合，鼓励学生大胆创新，选出最美的昆虫作品。教师从构图、色彩、创意等方面进行评价，尽量肯定每一个作品的优点。

图 6-5　学生与自己的作品合影

五、活动任务单

活动任务详见表 6-5 所示。

表 6-5　昆虫档案记录单

<table>
<tr><td rowspan="8">

名称：＿＿＿＿＿＿＿＿＿＿
是否昆虫：☐是　☐否</td><td>部位</td><td>有</td><td>无</td><td>数量</td></tr>
<tr><td>头</td><td></td><td></td><td></td></tr>
<tr><td>胸</td><td></td><td></td><td></td></tr>
<tr><td>腹</td><td></td><td></td><td></td></tr>
<tr><td>触角</td><td></td><td></td><td></td></tr>
<tr><td>翅膀</td><td></td><td></td><td></td></tr>
<tr><td>腿</td><td></td><td></td><td></td></tr>
</table>

六、进阶提高

同学们做了这么多美丽的昆虫，有的是益虫，如蜻蜓、蜜蜂、七星瓢虫等，我们要保护它，有的虽然是害虫，如苍蝇、蚊子等，但它们也为科学研究提供了帮助。请同学们课后多观察，了解这些昆虫，并且把你们在生活中观察到的昆虫用画笔记录下来，并在家长的陪同下查阅书籍、杂志、视频、电影等资源，结合本节课的知识，思考这些昆虫中哪些是益虫，哪些是害虫；这些昆虫的本领有哪些。（两周后提交昆虫绘画作品，以图片与

文字相结合的方式呈现昆虫的分类与昆虫的本领）

七、总结与评价

总结与评价方式详见表 6-6。

表 6-6　班级活动总结与评价表

班级		姓名		
活动主题				
评价项目	评价要点	学生自评	小组自评	家长自评
参与态度	1. 参与活动的热情	☆☆☆☆☆	☆☆☆☆☆	☆☆☆☆☆
	2. 自主学习的态度	☆☆☆☆☆	☆☆☆☆☆	☆☆☆☆☆
学习品质	1. 收集资料的能力	☆☆☆☆☆	☆☆☆☆☆	☆☆☆☆☆
	2. 动手实践能力	☆☆☆☆☆	☆☆☆☆☆	☆☆☆☆☆
	3. 自评客观，他评中肯	☆☆☆☆☆	☆☆☆☆☆	☆☆☆☆☆
	4. 小组分工明确	☆☆☆☆☆	☆☆☆☆☆	☆☆☆☆☆
情感体验	1. 构思新颖，作品美观	☆☆☆☆☆	☆☆☆☆☆	☆☆☆☆☆
	2. 热爱大自然	☆☆☆☆☆	☆☆☆☆☆	☆☆☆☆☆
活动反思	在活动中我学到了	☆☆☆☆☆	☆☆☆☆☆	☆☆☆☆☆
	我还需努力的是			
教师评价				

第二节　中年级 STEAM 活动案例

案例 1 "太阳能探索"

一、活动主题

太阳能作为一种新的环保能源在生活中越来越常见，但是太阳光为什么能作为一种能源运用在热水器中呢？本案例的主题为"太阳能探索"，通过让儿童体验太阳能发热的过程，让儿童理解太阳能的原理。本活动的活动范围包括在教室内和教室外。在教室内主要是导入课程内容，梳理知识点，以及总结活动；在教室外主要进行动手实验以及观察活动，让儿童亲身体验不同环境下太阳光发热的过程。STEAM 教育中的 S 在本案例活动中主要体现为在教室内对太阳能知识点梳理的过程，T 在本案例活动中主要体现为在教室外制作简易太阳能热水器的过程，E 在本案例活动中主要体现为在教室内对太阳能在实际生活中的应用案例的探讨，A 在本案例活动中主要体现为在实验后实验日记的语言创作，M 在本案例活动中主要体现为在动手实验中记录数据与观察变化。

二、学情分析

本案例主要面向小学三年级及四年级的学生，一般年龄为 9～12 岁。该学段的学生已了解了太阳的概念，在生活中也经常接触太阳光，感受太阳光的热度，对太阳能有感性的认识，知道在有太阳照射的地方热，没有太阳照射的地方冷这一常识。但是，他们对太阳能到底是一种什么能源并不了解。小学三年级及四年级的学生按年龄阶段来分，属于皮亚杰认知发展阶段论中的具体运算阶段的后期。这一阶段的小学生的认知结构已发生重组和改善，思维具有一定的弹性，但他们形成概念、发现问题、解决问题都必须与他们熟悉的物体和场景相联系，他们还不能进行抽象思维。因此，课程设计时应以让儿童实践为主，以教师讲述为辅。

三、提供材料

活动场地：能够播放 PPT 课件的多媒体教室；室外操场。

教师提供的材料：透明塑料瓶、水、水桶、镜子、遮阳伞、计时器、温度计、量杯。

教师提供的材料都源于实际生活，都是儿童在生活中常见的物件。STEAM 课程的活动案例中的材料层次过于丰富，会干扰儿童的判断选择，不利于他们在解决问题过程中深度思考。为此，本案例中准备的材料都为结构简单、容易入手的材料。

四、活动流程

本案例的活动流程按生活案例讨论—太阳能实验观察—实验日记撰写三个课时进行，从以教室内的讨论为出发点，以教室外的实践观察为主要内容，最后再回归教室内进行语言艺术创作。

课时 1：生活案例讨论（教室内活动）

该活动在教室内进行。首先，教师以问题"生活中常见的太阳能"导入课程内容，激发学生的兴趣。其次，教师适当讲述有关太阳能的知识点。最后，将学生分成几个实验小组，并告知学生教室外活动流程以及需要观察与记录的数据。

课时 2：太阳能实验观察（教室外活动）

教师带领学生开展教室外活动，该活动要在晴天开展，建议在春、夏季学期开展。在教室外活动中教师扮演辅助者的角色，协助学生完成实验观察。

教室外活动具体步骤如下。

第一步：教师准备一桶水，并让各组学生使用量杯，在各组分配到的 3 个透明塑料瓶中装入等量的水，用温度计测量每瓶水的温度并做记录。

第二步：让各组学生按图 6-6 所示的要求在阳光下摆放 3 个塑料瓶。

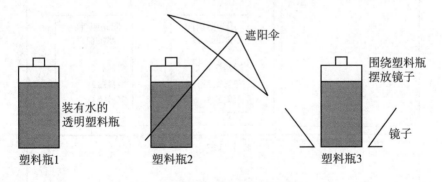

图 6-6　阳光下摆放的 3 个塑料瓶

第三步：教师根据日照强弱情况判断时间，在一定时间后，让各小组学生再次测量每瓶水的温度，并做记录，让学生用手摸一摸瓶身，亲自感受一下每个瓶子的温度。

课时 3：实验日记撰写（教室内活动）

室外的活动结束后，教师带领学生返回教室，询问学生在实验中学到了哪些知识点，并指导学生完成实验日记的撰写。

五、活动任务单

本案例中的活动任务单由三大部分组成。第一部分为对教室内授课内容的理解情况与实验步骤记录，第二部分为对教室外太阳能实验活动的记录，第三部分为实验日记的创作。具体任务单的形式如表 6-7 所示。

表 6-7 "太阳能探索"活动任务单

姓名：＿＿＿＿＿
小组：＿＿＿＿＿　　　　太阳能探索

我在课上学到了什么

我有这些不懂的地方

实验的步骤

实验的记录

阳光照射前 水的温度	阳光照射后 水的温度
塑料瓶1： 塑料瓶2： 塑料瓶3：	塑料瓶1： 塑料瓶2： 塑料瓶3：

实验小日记

六、进阶提高

在实验过程中学生会发现，遮阳伞下的透明塑料瓶中的水的温度没有变化。由此，教师可以引出如果在没有太阳光的日子里我们可以用什么样的光让水的温度产生变化这一问题。通过该问题激发学生的发散性思维，由此引出光和热的相关学习内容。

七、总结与评价

本活动的总结以学生自行撰写实验日记的形式开展，不仅可以让学生自己梳理在活动中学到的科学知识，还可以训练学生的语言组织能力。

本活动的评价，以教师准备好的评分标准为基准，总分为 100 分，主要从课堂讨论参与度、实验团队协作以及实验日记三大方面进行考查，详见表 6-8。

表 6-8　"太阳能探索"活动总结与评价表

	有待改善	一般	良好	优秀	得分
课堂讨论参与度	不参与讨论，不尊重他人（5分）	不发言，但认真倾听他人发言（10分）	发言，但讲述不清楚（20分）	积极发言，且讲述清楚（30分）	
实验团队协作	只顾自己，不参加合作（5分）	不参与，但在一旁观察（20分）	参与合作，但不积极（30分）	积极参与，且能协调其他组员（40分）	
实验日记	内容不完整，表述不清（5分）	内容大体完整（10分）	内容完整，但有些地方表述不清（20分）	内容完整，表述逻辑清晰（30分）	
总计					

案例 2"造小船搬石头"

一、活动主题

本活动的主题为"造小船搬石头",给儿童设定的情境:你现在需要建一座房子,但是所需的石头要从河对岸运过来。请运用手头上的材料制作一条小船,想办法把石头运过河。本活动主要涉及的知识点内容为浮力,通过以上特定的情境让儿童感受浮力在现实生活中的运用。课程内容总共为两个课时,第一课时在教室内进行,第二课时在走廊上进行。STEAM 教育中的 S 在本案例活动中主要体现为对浮力知识点的理解过程,T 与 E 在本案例活动中主要体现为小船的制作过程,A 在本案例活动中主要体现为设计图的绘制过程,M 在本案例活动中主要体现为观察的记录过程。STEAM 教育的一大特点是让儿童发现并解决真实的问题,然而因为教学设备、教学场地等的限制,难以让儿童走出课堂在课外一起发现生活中真实的问题。因此,本活动在教学设计的过程中为儿童创造特定的情境,激发儿童对该情境的相关记忆,产生共鸣,发现情境中的问题。

二、学情分析

本活动面向的对象与上一案例相同,为小学三年级及四年级的儿童,年龄一般为 9~12 岁。根据皮亚杰的认知发展阶段理论,该年龄段的儿童应多做事实性或技能性训练。因此,本活动设计了具体的情境,让儿童在情境中发现问题,探索解决问题的方案。活动的知识主要为浮力,同时还涉及风力内容。有关浮力的内容,小学三年级及四年级的儿童已在生活中接触过,如游泳、船等。但是他们对到底什么东西能浮在水面,什么东西不能浮在水面,其原因是什么(涉及浮力内容),没有发动机的船为什么也能在水面上行驶(涉及风力内容)等问题还没有系统的认知。因此,先安排讨论课程内容,让学生讲一讲生活中有关浮力的例子,然后教师引入情境,让学生分成小组解决情境中的问题。

三、提供材料

活动进行场所：能够播放 PPT 课件的多媒体教室；教室外的走廊。

教师提供的材料：裁成适当大小的一次性木筷、可粘木头的胶水、小石子、白纸、大水盆、水。

四、活动流程

活动步骤：浮力初探—情境提示—小船设计与制作—实际搬运操作与小船改良。

分为两个课时展开。

课时 1：浮力初探—情境提示—小船设计与制作

第一个课时在教室内进行，前半部分由教师主导，引导学生探讨生活中常见的浮力的例子。教师在讲台前展示木头和石头放入水杯中的具体情况，并简单讲解浮力的知识点。之后，引入相关情境。把学生分成几组，让他们在小组内讨论解决方案，设计和制作小船。

课时 2：实际搬运操作与小船改良

第二课时的实际搬运操作在走廊里进行，小船改良在教室内进行。

在学生完成小船制作后，教师带领学生将小船放入走廊的水盆中，再将一定量的小石子放在船上，观察小船能载多少小石子。同时，向学生提出问题：现在我们的小船做好了，但是它只是浮在水面上，怎么能让它动呢？让学生思考如何让小船从水盆的一边移动到另一边，引导学生从风力的角度解决该问题，并对小船做改良。

五、活动任务单

本活动的意图之一是培养学生的创造能力以及发现问题的能力。活动任务单内容也体现了这一意图。活动任务单中的主要内容为两幅设计图，第一幅为小船的设计图，第二幅为了解到小船设计的缺陷后改量的设计图。中间的部分为制作小船时的记录以及观察到的问题。通过任务单的形式让学生体验创造—改量—再创造的过程(详见表 6-9)。

表 6-9 "造小船搬石头"活动任务单

姓名：_____

小组：_____

小船设计图

制作小船用了什么材料

小船下水后遇到了什么问题

改良后的小船设计图

六、进阶提高

本活动通过解决情境中的问题，初探浮力内容，学生在实际操作与观察中会发现有些小组制作的小船能载石头，而有些小组制作的小船却载不了石头；能载石头的小船中有些能载较多的石头，有些却只能载较少的石头。教师可以通过提问的方式引导学生思考为什么会出现这样的情况，为导入影响浮力的因素做铺垫。

七、总结与评价

本活动的总结与上一案例有所不同，本次总结并不以书面的形式进行，而是在小组讨论改良小船设计图的过程中体现的，最终的展现形式为改良后的小船设计图。

本活动的评价，以教师准备好的评分标准为基准，总分为 100 分，主要从课堂讨论参与度、团队协作以及设计图三大方面进行考查，如表 6-10 所示。

表 6-10 "造小船搬石头"总结与评价表

	有待改善	一般	良好	优秀	得分
课堂讨论参与度	不参与讨论，不尊重他人（5分）	不发言，但认真倾听他人发言（10分）	发言，但讲述不清楚（20分）	积极发言，且讲述清楚（30分）	
团队协作	只顾自己，不参与合作（5分）	不参与，但在一旁观察（20分）	参与合作，但不积极（30分）	积极参与，且能协调其他组员（40分）	
设计图	画面不清晰，小船结构不完整（5分）	画面大体清晰，小船结构不完整（10分）	画面清晰，能体现小船部分结构（20分）	画面清晰，能体现小船整体结构（30分）	
总计					

第三节　高年级 STEAM 活动案例

案例 1"有趣的纸飞机"

一、活动主题

纸飞机是儿童喜爱的一项游戏，但纸飞机不是简单的一张纸，它涉及重力、阻力和升力等物理学原理。工程学利用科学原理，通过工程设计来解决问题。如何减少纸飞机的重量和空气阻力，让纸飞机有足够的升力和平衡力，使其飞行滞空时间更长、距离更远、飞行更加平稳，这就需要对多因素进行整体考虑。另外，如何将自己的科研成果分享给他人从而推动科技进步，是科学家和工程师共同面对的问题。同时，科技写作对人类的文明也至关重要。本案例中的 S 主要体现在重力、升力、阻力对纸飞机性能的影响方面，T 主要体现在纸飞机的折叠方法上，E 主要体现在观察、思考、制作、测试、优化纸飞机的迭代过程中，A 主要体现在准确、规范的科学写作上，M 主要体现在对纸飞机折叠的图形化表达和对几何空间的理解方面。

二、学情分析

小学五至六年级的学生对简单的几何图形具有一定的理解力，能根据图形进行简单的手工制作。他们的语言能力发展快速，能够较为准确流畅地表达操作的过程，对重力、阻力等有初步的感知。但他们仍处于具象思维阶段，尚不能理解抽象的科学原理，也不了解严谨的科学探究过程，语言表达的准确性和规范性有待提高。

三、提供材料

纸飞机图纸：网上下载或自己绘制。

制作纸飞机材料：作业纸、图画纸、牛皮纸、挂历纸、卡纸、回形针、胶布或胶水、直尺、其他对制作纸飞机有帮助的材料。

纸飞机飞行状况测量材料：皮尺、卷尺或绳子、码表或其他计时器。

四、STEAM 要素

(一)科学原理

①掌握影响纸飞机飞行速度的因素，如形状、重量等。

②了解纸飞机在飞行过程中所受到的力的作用有哪些，阻力与升力的计算方法。

③掌握纸飞机飞行速度的计算方法。

(二)技术难点

①折纸的技巧：能够掌握折纸飞机的基本步骤。

③掌握秒表、钢尺等测量工具的使用。

(三)工程应用

①试飞纸飞机：对制作好的飞机模型进行试飞以检测其飞行情况。

②思考现实生活中的飞机是如何飞行的。

③在解决实际遇到的问题时，是否体现出了创新精神。

(四)数学应用

①了解纸飞机形状结构的特点，如整体对称、头部呈尖状。

②飞行速度的计算、阻力与升力的计算及比较大小。

(五)艺术审美

在满足纸飞机能够飞行的条件下，对纸飞机进行装饰、美化，可以使用彩色卡纸、超轻黏土等材料装饰，增加作品的艺术性。

四、活动流程

课时 1：设计纸飞机

给学生提供一些失败的飞机折叠方法说明的案例，让他们按照折叠方法的指示折纸飞机，使学生明白科技写作的重要性。学生可能会有很多问题，教师先不回答这些问题，在学生折好后，要求学生互相比较折的纸飞机是不是各有差异。接下来教师向学生宣布：今天每一个学生都要扮演优秀工程师的角色，按照工程师的工作方式来撰写一份工程技术文档。教师需告知学生科技写作的写作指南，如界定具体的术语，机头、机身、机翼等；使用简洁、清晰、通俗的语言；使用图形和不同的字体、字号、颜色等。

学生动手折叠纸飞机，可以按照教师提供的图纸设计或者自行设计，并通过简单测试改良纸飞机（我们将此飞机称为"概念机"）。制作之前，教师可以向学生展示两三种纸飞机的成品和飞机制作视频，学生可以从中获得一些设计的灵感。在制作过程中，学生可以随时进行测量和测试，并不断改进最初的设计，教师在巡视过程中可以用以下问题对学生进行引导：为什么你设计的飞机头朝下栽，为什么你设计的飞机左（右）偏，纸飞机上哪个部分是可以动的，你是否见过机翼和尾翼上的襟翼动作？

有部分学生不能意识到画图和数据记录有助于修改设计，教师要给这些学生一些建议：画图并做好标记；对重要的数据进行测量，如长、宽、质量等；在修改设计的过程中，记录每次的改动和产生的效果；尝试撰写折叠方法说明。

两两配对分组，让学生 A 将自己的折叠方法交给同组学生 B。B 根据 A 提供的折叠说明，试折纸飞机（我们将此飞机称为"试做机"），并在折叠说明上标明疑问或修改建议。

课时 2：完善折叠方法

学生 A 通过观察"试做机"和同组学生 B 反馈的问题清单，完善纸飞机的折叠说明。

学生 B 按照学生 A 提供的新的折叠方法，重做纸飞机（我们将此飞机称为"终版机"）。

"试做机"和"终版机"都应该参加最后的试飞，试飞数据可以填在记录文档中，教师可以建议学生一组一组地试飞飞机，然后用胶带标记每一次试飞的结果，一组结束后统一进行测量。教师引导学生分组讨论试飞的时候有哪些因素会影响最终的结果，然后大家确定一个合适的高度和角度，用胶带在墙上标记出来，需要测量的数据包括飞行的距离和飞行的时间，收集数据后，对比"概念机"与"终版机"性能的差异，总结影响纸飞机性能的因素。评比出最佳折叠方法说明、性能最佳的纸飞机。

五、任务清单

"纸飞机的制作"任务清单如表 6-11 所示。

表 6-11　"纸飞机的制作"任务清单

纸飞机的制作	
姓名：_____	组员：_____
折叠说明	问题与建议
概念机与最终机性能对比	原因分析

六、进阶提高

学生发现，材料的选择、折叠的方法和投掷的方式三个方面的因素，对纸飞机的滞空时间和飞行距离有重要的影响。教师可以引导学生对这三个因素进行深入的思考和探究，如折叠方法是机头尖的好，还是平的好？机翼与机身的比例应为多少合适？折痕压死好，还是留有转角好？机头向下冲地，或者左右摇摆如何调整？这些调整背后的物理学原理是什么？通过不断反馈与调整，使学生更好地理解工程学的迭代优化过程。

还可以让学生选择用不同的方式说明纸飞机的折叠方法，如使用图形与文字，或图片与文字结合的方式，或者拍摄一段微视频，让学生理解信息呈现的多样性以及不同呈现方式的特点，掌握信息表达的方法。

七、总结评价

本次活动，通过折叠纸飞机，并撰写折叠说明，使学生明白科技写作的重要性和写作的基本技巧，培养了学生的动手实践能力，也培养了学生的观察、思考与表达能力，使学生掌握了工程学设计、制作、反馈和优化的迭代过程。

本次活动以教师预设的评价标准为基准，总分为 100 分，主要从纸飞机性能、科学习作、原理解释三个维度进行考查，如表 6-12 所示。

表 6-12 "纸飞机的制作"总结评价表

	有待改善	一般	良好	优秀	得分
纸飞机性能	飞机外形不美观、不工整，飞行性能差（15分）	飞机外形基本工整，飞行性能一般（20分）	飞机外形较为工整，滞空时间、飞行距离等各项指标较好（25分）	飞机外形美观、工整，滞空时间长、飞行距离远、飞行平稳（30分）	
科学习作	内容不完整，表述不清楚（20分）	内容基本完整，但表述不流畅（25分）	内容完整，语言表达基本清晰，但有些地方表述不清（30分）	语言表达准确、精练，条理清晰，图文使用得当（40分）	
原理解释	没有对比测试，没有掌握数据收集的方法（15分）	测试过程基本完整，但没有掌握数据收集的方法（20分）	掌握对比测试的方法，但不能根据测试数据解释性能差异的原因（25分）	掌握对比测试的方法，并准确解释性能差异的原因（30分）	

案例 2"桥梁设计"

一、活动主题

桥梁一般是指架设在江、河、湖上，使车辆和行人能顺利通行的建筑物。随着现代社会的发展，桥梁也引申为供铁路、道路跨越山谷的，具有承载能力的人工构造物。本案例的主题为"桥梁设计"，通过让学生体验设计并制作桥梁的过程，让学生理解桥梁的基本结构。本活动主要在室内开展，以小组合作的形式进行，从课程内容的导入、知识点的梳理，到设计、测试与展示，再到课程活动的总结，均采用合作学习的方式。STEAM 教育中的 S 在本案例活动中主要体现为桥梁的基本结构与原理，T 在本案例活动中主要体现在直尺等工具的使用上，E 在本案例活动中主要体现在小组合作设计并制作桥梁的过程中，A 在本案例活动中主要体现在对桥梁的装饰过程中，M 在本案例活动中主要体现在动手实验中记录与观察数据的过程中。

二、学情分析

本案例主要面向小学五、六年级的学生，一般年龄为 10～12 岁。该学段的学生已了解桥梁的概念，在生活中也经常接触各种各样的桥梁，知道桥梁一般是架设在河流上的，但是对桥梁的结构组成与蕴含的科学原理并不了解。小学五、六年级学生按年龄阶段来分，属于皮亚杰认知发展阶段理论中的具体运算阶段的后期。这一阶段的小学生的思维具有一定的弹性，但他们形成概念、发现问题、解决问题都必须与他们熟悉的物体和场景相联系，且还不能进行抽象思维。因此，设计课程时应以让学生实践为主，以教师讲述为辅。

三、提供材料

活动场地：能够播放 PPT 课件的多媒体教室。

教师提供的材料：木棍、胶水、砝码、剪刀、直尺、铅笔、白纸、卡纸。

四、STEAM 要素

(一)科学原理

①材料有抗压和抗弯折能力。

②不同结构的稳固性和承重能力不同。

③桥梁模型各个部位的受力需要分别进行分析。

（二）技术难点

①材料加工的技巧：对棍棒（如一次性筷子）的加工要用到剪刀、锉刀等，需要对学生进行认真指导和安全教育。

②连接操作：热熔胶枪的操作、棍棒之间连接部位的打磨、胶水与胶带的使用、用线连接等操作需要教师的细致引导。

③测试调整：让学生理解测试后进行反思的重要性以及如何进行修正设计。

（三）工程应用

①桥梁这项工程解决了什么样的生产、生活问题。

②模型设计的价值与意义是什么。

③图形设计与制作的关系及其对整个任务的重要性有哪些。

④在解决遇到的问题时，自己有多少创新。

（四）教学应用

①几何结构的实际运用有哪些，如三角形的稳定性、整体结构的对称性等。

②如何计算桥梁跨度、高度的合理解与最优解。

③如何进行桥梁承重与重物质量的估算。

（五）艺术审美

在满足一定的稳固性、承重能力等功能要求的同时，可以勇于创新，大胆创造，增加一些具有人文气息的设计，体现独特的艺术风格。

四、活动流程

本活动的教学目标是通过搭建能承受一定重量的桥梁，理解材料、结构和承重之间的关系，具体实验过程如下。

资料收集：查找有关桥梁的知识，确定要做的桥梁的种类及其结构特点。

简单绘图：大体上画出要设计的桥梁的模型，重点要考虑小木棍的连接方式及各部分的数量。

制作搭建：按照模型设计图来搭建，桥梁的桥墩与拱形部分需要结实，因此每一个杆件可用两根小棍。为了让拱形部分有一定的弯曲，可以用刀劈开小棍。

承重测试：放上钩码或书本等来测试桥梁的承重能力，对出现问题的部分进行加固或调整结构。

作品展示：以小组为单位，各小组展示自己的桥梁作品，介绍桥梁的使用材料、结构特点、承重能力等。

评价交流：包括组内交流与组间交流，对其他小组的作品做出评价，同时还要给同小组的同学做出评价，评价项目包括态度、执行、创意等方面。

本案例的活动流程按桥梁模型设计—桥梁制作与测试—作品展示与评价三个课时进行，将上述过程融入课程当中。一个完整的工程设计过程，包含了迭代的思维，在测试中发现作品的不足之处，然后解决问题，不断完善作品。

课时 1：桥梁模型设计

在实施课程前，有收集资料的环节。首先，学生通过查找资料，对桥梁有基本的认知，在课上教师通过向学生提问生活中常见的桥梁，导入课程内容，激发学生对该内容的兴趣。其次，让学生讲述了解到的关于桥梁的知识，给学生交流讨论的机会。再次，教师适当补充有关桥梁的知识。最后，将学生分成几个实验小组，并告知学生接下来要完成的任务是小组共同设计桥梁的搭建方案。

课时 2：桥梁制作与测试

教师组织学生按照设计图搭建桥梁，协助学生完成桥梁搭建并测试桥梁的承载力。

具体步骤如下。

①教师分发搭建桥梁需要的材料，如木棍、胶水、剪刀等。

②让各组学生分工合作，共同搭建桥梁。

③学生使用砝码测试桥梁的承载能力，记录实验数据。

④学生对桥梁进行装饰。

课时 3：作品展示与评价

在这个课时中，学生需要进行的活动包括作品展示和评价。由教师组织学生以小组为单位上讲台展示作品，主要介绍桥梁的类型、所用材料，稳定性、外观、承载力等，由其他小组对展示小组进行评价，最后组内成员进行同伴互评。

五、活动任务单

本案例中的活动任务单如表 6-13 所示。

表 6-13　"桥梁设计"活动任务单

桥梁设计	
使用材料	制作步骤 1. 2. 3. 4.
优缺点 优点： 缺点：	桥的相关系数 桥的长度：_____cm 桥的宽度：_____cm 桥的自身重量：_____g 桥的最大负载重量：____g
设计简图	

六、进阶提高

在制作过程中，学生会发现，不同材料制作的桥梁，其承载力也不同。由此，教师可以引出除了材料因素以外，还有什么因素会影响桥梁的承载能力这一问题。通过该问题激发学生的发散性思维，由此引出形状与结构的稳定性的相关内容。

七、总结与评价

本活动的总结以学生作品展示的方式开展，这不仅可以让学生梳理自己在活动中学到的科学知识，还可以训练学生的语言组织能力。

本活动的评价，以教师准备好的评分标准为基准，总分为 100 分，主要从课堂讨论参与度、团队协作以及作品展示三大方面进行考查，如表 6-14 所示。

表 6-14　"桥梁设计"总结与评价表

	有待改善	一般	良好	优秀	得分
课堂讨论参与度	不参与讨论，不尊重他人（5 分）	不发言，但认真倾听他人发言（10 分）	发言，但讲述不清楚（20 分）	积极发言，且讲述清楚（30 分）	
团队协作	只顾自己，不参与合作（5 分）	不参与，但在一旁观察（20 分）	参与合作，但不积极（30 分）	积极参与，且能协调其他组员（40 分）	
作品展示	内容不完整，表述不清（5 分）	内容大体完整（10 分）	内容完整，但有些地方表述不清（20 分）	内容完整，表述逻辑清晰（30 分）	
总计					

第四节 场馆 STEAM 活动案例

案例 1"神奇的恐龙化石"①

一、活动主题

(一)博物馆介绍

吉林省自然博物馆,属于自然历史类博物馆,是在原省博物馆自然部的基础上建立起来的,馆藏涉及的科学范围包括植物学、动物学、地质古生物学、自然资源自然环境等,该馆是第一批全国中小学生研学实践教育基地。馆内以恐龙收藏为特色。小学一、二年级的儿童对恐龙感兴趣,具有强烈的好奇心,平时有阅读相关书籍、收藏相关玩具和观看恐龙动画片的习惯。为此,本项目借助馆内丰富的材料,帮助儿童了解恐龙的起源、生活历程以及灭绝的过程,引发儿童对动物生活栖息地的保护意识。

(二)与 STEAM 五个学科的融合点(如表 6-15)

表 6-15 "神奇的恐龙化石"与 STEAM 五个学科的融合点

涉及领域	融合点
科学	化石的种类,恐龙的身体结构、生活的年代和灭绝的原因
技术	控制材料混合的实践和搅拌技巧
艺术	保护环境和动植物
数学	制作恐龙化石的各种材料混合的比例、称重读数

二、学情分析

学习者为小学一、二年级的学生,平均年龄为 7 岁,对新奇事物充满好

---

① 何静:《小学"STEAM—博物馆"教育的实施模式研究》,硕士学位论文,东北师范大学,2019。

奇心，学习兴趣浓厚，尤其对具有丰富、直观形象资源的博物馆具有浓厚的兴趣，情绪比较高涨，学习依赖于具体的真实事物，具象逻辑思维能力占主导，抽象思维较弱，动手操作能力强，具有良好的语言表达能力，但注意力容易分散，还未具备良好的问题意识。因此，在教学过程中教师需要进行课堂组织和学习引导。

三、提供材料

活动场地：自然博物馆、室内。

材料准备：任务单、记录单、印模粉、石膏粉、容器、水、搅拌器、电子秤、纸、笔等。

四、活动流程

(一)闯关活动

1. 情境感受，直接导入

师：同学们，今天我们来到了自然博物馆。自然博物馆的馆藏标本共96698 件(截至 2016 年年底)，主要反映吉林省的生物多样性以及自然资源状况，包括动物、植物、古生物、岩石、矿物、土壤、人体等标本类别。自然博物馆常设展览分七大展区：山之魂、林之韵、蝴蝶谷、鸟之灵、兽之趣、化石世界和猛犸象。今天我们主要在化石世界展区进行学习，化石世界展区分为"化石""恐龙时代""东北第四纪灭绝动物""探索之角"四个展示单元。陈列以珍贵的化石、动感的复原恐龙、震撼的 3D 影片等形式呈现，让我们熟悉化石，了解生命的历程，并且在愉悦的氛围中获得知识。今天的学习活动很特别，首先第一部分——任务闯关活动。

2. 任务讲解，初步感知

师：我们的地球已经存在 46 亿年了，已发现的最早生命是生活在 35 亿年前的来自南非的细菌。可以说从 35 亿年前起，生命就开始了一个波澜壮阔的演化历程。我们之所以能够了解史前的生命，就是那些在地层中保存下来的生物遗体或遗迹的存在——化石！按生物保存类型分类，化石可分为无脊椎动物化石、脊椎动物化石和植物化石；按化石大小分类，可分为大化石和微体化石；按化石保存方式分类，可分为实体化石、模铸化石、遗迹化石、化学化石等。

本次活动将"化石世界"展区细分为三个区域，每个区域配有辅助教师，承担区域讲解任务，组织学生完成任务。三个区域学习和任务完成的顺序由学生根据教师分发的区域平面图自主决定。

图 6-7 "化石世界"展区

第一区域展示的是飞翔爬行动物化石。

飞翔爬行动物化石来自辽宁朝阳、生活于白垩纪早期的秀丽郝氏翼龙，它属于翼手龙类。翼龙之所以能在空中翱翔，是因为翼龙的前后肢与腹膜相连形成翼膜。它的前肢发达，后肢退化，前肢上还有三只爪用于悬挂身体，嘴里长着锋利的牙齿，推测是以鱼为食物的。翼龙自三叠纪晚期开始出现，到白垩纪末全部灭绝。谈到生物的灭绝，我们应该说，虽然外界因素有很多，但最关键的还是其自身，正如西班牙先哲葛拉西安说，事物发展最完善的时候也就是自身衰退的开始。

通过全景幻象仪，为学生展现化石世界中最具观赏性的特定场景，让他们从奇虾、三叶虫、蜻蜓、鲟鱼惟妙惟肖的立体复原生活场景中感知史前世界。

教师通过讲解有关化石的分类等相关知识，带领学生观察化石标本。

任务一：请选择三种最喜欢的化石模样画在 STEAM 学习记录本上，并标注清楚其属于生物遗体还是遗迹化石。

图 6-8 飞翔爬行动物化石

第二区域展示的是中央恐龙骨架。

四具恐龙骨架有三具来自中国四川——它们是永川龙、沱江龙、合川马门溪龙的骨架，是生活于距今 1.5 亿年前侏罗纪晚期的三种著名的恐龙。永川龙以其尖齿称霸于世，其硕大的头与娇小的前肢极不相称，它是一种肉食性的恐龙，从凶猛程度上可以说它是侏罗纪的霸王龙。沱江龙看似凶猛，实则它以防御面目为主，它那娇小的头和背上的骨板是它的标志，它的尾刺是它有力的反击武器，它的骨板是用来吓唬其他恐龙的还是为它收集阳光的？答案不得而知。它是吃植物的恐龙，属于剑龙类。合川马门溪龙并不是体型最大的恐龙，但它却是公认的脖子最长的恐龙。它体长 20 多米，其中脖子就有 10 米多，上面有 19 节长长的颈椎，占身长的一半。

恐龙是双孔类爬行动物，即它的眼眶后有两个颞孔，而蜥臀类（目）和鸟臀类（目）两类恐龙是按它们的骨盆来区分的，蜥臀类（目）恐龙的骨盆像蜥蜴，上部的肠骨、前部的耻骨和后面的坐骨呈现三个方向，鸟臀类（目）恐龙的骨盆像鸟，骨盆骨骼呈现四个方向。

任务二：用铅笔绘画恐龙（骨架或是完整的都可以，现场均有参照），并用不同颜色的彩笔区分恐龙的五大身体结构（头、颈、躯干、四肢和尾）。

图 6-9　中央恐龙骨架

第三区域展示的是恐龙化石发掘现场。

是谁最早发现了恐龙？英国的曼特尔医生在 1822 年发现了禽龙的牙齿。是谁最早命名的"恐龙"这一专有名词？是英国的欧文爵士于 1842 年命名的。第一个被命名的恐龙是禽龙吗？不是禽龙，是巨齿龙。这些关于恐龙的知识都在媒体查询机里，那里有 100 多种主要类型的恐龙，通过查询，您可以得知每种恐龙的名称、所属的类别、生存时代、地理分布、发现的趣事及精确的复原图。

图 6-10　恐龙化石发掘现场

恐龙化石发掘现场真实地展示了几类恐龙的埋藏情况，展现在观众面前的不仅有恐龙骨骼，而且还有恐龙蛋。分散的骨骼显示着岁月的沧桑，这种展览手法相当于遗址型博物馆中的原地埋藏的展示。事实上，恐龙化石多数埋藏于侏罗纪、白垩纪坚硬的砂岩之中，挖掘程序是先用大型工具清理围岩，靠近化石时用小型工具仔细剥离，或把外包围岩的化石整块搬到实验室中去处理。

教师结合壁画对每个地质时代进行讲解，尤其是该时代所出现的生物变化这类知识。

任务三：对恐龙生活的年代进行排序（观看 3D 纪录片——《恐龙灭绝的原因》）。

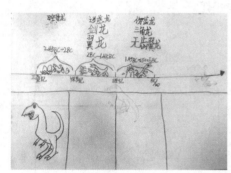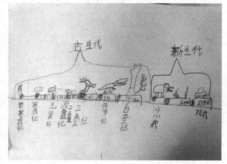

图 6-11　学生对恐龙年代进行排序

3. 学习活动小结

教师根据第一个学习活动的完成情况进行师生互动，回顾总结三个区域的知识点，然后引出制作恐龙化石的学习活动。

(二)制作恐龙化石活动

1. 合作创作

学生两两一组，教师进行制作任务要求说明，分发制作材料，实验共分为三次，第一次教师带领学生操作，第二次、第三次改进第一次出现的问题，并记录数据。

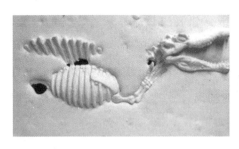

图 6-12　学生制作的"恐龙化石"

2. 成果展示

教师组织小组展示成果，内容包括小组分工、制作的恐龙化石作品、记录表和收获，进行小组之间的自评和互评。

图 6-13　学生成果展示图

3. 总结评价

首先，教师根据第二个学习活动中学生的整体表现进行评价。其次，结合两个学习活动对在整个 STEAM 课程中的学生表现进行总结评价，重点对第一个学习活动涉及的知识点进行总结归纳和回顾。

五、活动任务单

恐龙化石制作活动任务单如表 6-16 所示。

表 6-16　恐龙化石制作任务单

第一次制作				
材料配置	印模粉	（克）	石膏粉	（克）
	水	（升）	搅拌力度	○○○○○
	搅拌时间	（分钟）	材料黏性	○○○○○
制作过程中存在的问题				
下次注意的地方				
第二次制作				
材料配置	印模粉	（克）	石膏粉	（克）
	水	（升）	搅拌力度	○○○○○
	搅拌时间	（分钟）	材料黏性	○○○○○
制作过程中存在的问题				
下次注意的地方				
第三次制作				
材料配置	印模粉	（克）	石膏粉	（克）
	水	（升）	搅拌力度	○○○○○
	搅拌时间	（分钟）	材料黏性	○○○○○
制作过程中存在的问题				
我的心情				

六、进阶提高

请在家长的陪同下观看有关恐龙灭绝原因的动画片（资源链接由教师提供），观后结合本节课的知识请思考：你认为恐龙是真实存在的吗？如果恐龙出现在今天，会对人类产生什么样的影响？（一周内提交小朋友的回答，音频、视频、文字均可）

七、总结与评价

总结与评价标准详见表 6-17 和表 6-18。

表 6-17　小组学习情况记录表

小组名称				
组员	任务分工	对作品的满意度	作品完成的时间	教师评价
	计算容量和时间	○○○○○		
	混合搅拌材料	○○○○○		
	计算数据和记录	○○○○○		
	动手操作	○○○○○		

表 6-18　个人学习情况记录表

班级：	小组名称：	学生姓名：
是否喧哗	是	否
是否破坏公物	是	否
布置任务时，是否听从教师安排	是	否
是否能积极参加小组的讨论活动	是	否
是否能协助他人完成任务	是	否
活动中动手实践能力	○○○○○	
活动中的奇特想法		
最感兴趣的展区		
最困惑的恐龙知识		
我想说		
教师评语		

案例 2"走进满族三合院"

一、活动主题

(一)活动背景介绍

东北师范大学东北民族民俗馆是目前我国东北地区规模最大、展示东北古代及近现代民族最多、古今民俗事象最丰富的综合馆。它是东北各族人民共有的精神家园,是各民族文化积淀和历史发展的产物,是中华优秀传统文化宝库的重要组成部分。目前,小学生对民俗文化的了解、感知比较少,本活动结合本地民俗特色,希望学生通过现场感知、动手实践了解民俗文化,学会使用测量工具。

(二)与 STEAM 五个学科的融合点

"走进满族三合院"与 STEAM 五个学科的融合点见表 6-19。

表 6-19 "走进满族三合院"与 STEAM 五个学科的融合点

涉及领域	融合点
科学	使用思维导图和访谈的方式分析、解决问题
技术	如何运用非科学工具进行测量
艺术	体验东北民居建筑的美与文化地位
数学	实验测量房屋的长、宽、高,区分主视图和左视图的概念

二、学情分析

学习者为小学三、四年级的学生,平均年龄为 9 岁,该年龄段学生思维活跃,具备一定的抽象逻辑思维能力,动手操作能力强,对生活中的一切事物充满好奇,学习兴趣浓厚,尤其对具有丰富、直观形象资源的博物馆具有强烈的兴趣,情绪会比较高涨,具有较好的语言表达、文字组织能力,但注意力容易分散,还未具备良好的问题意识。因此,在教学过程中需要教师进行课堂组织和学习方向的引导。

三、提供材料

1. 活动场地：民俗馆、室内。
2. 材料准备：记录表、任务单、文具、米尺等。

四、活动流程

(一)讲解活动

1. 问题情境导入

东北师范大学东北民族民俗馆占地面积 31000 平方米，建筑面积 22000 平方米，展厅面积 13000 平方米，民族民俗类藏品 40000 余件，设有东北古代民族民俗、东北近现代民族民俗、东北代表性行业作坊三个基本陈列展区和若干专题展区。各展区采用实物、图表、文字、沙盘、场景复原等传统展出方式及电子模拟、影像合成等现代技术手段，展示了东北民族民俗事象及其最新研究成果。

图 6-14　东北师范大学东北民族民俗馆外观　图 6-15　东北师范大学东北民族民俗馆展厅

同学们知道我们国家有多少个民族吗？我们从一首歌的歌名就可以知道——56 个民族，那少数民族又有多少呢？除了汉族以外，另外的 55 个民族都属于少数民族，同学们都是什么民族的？

今天我们来到东北师范大学东北民族民俗馆，这里展示出来的所有文物和摆件都属于东北地区各个少数民族的。我们今天着重参观的就是——满族的三合院。满族人口总数为一千多万，满族有自己的语言、文字，东北地区的"白山黑水"是满族的故乡。

图 6-16　学生参观东北师范大学东北民族民俗馆

　　满族是个勤劳、勇敢、智慧的民族，也是一个善于博收外来文化并融汇创新的民族。在长期的历史发展中，他们形成了富有民族特色的风俗文化。今天我们就通过满族的建筑——三合院来了解这个民族的智慧。

　　2. 参观讲解、初步感知

　　我们看这个平面图（图 6-17），三合院分封闭式和开口式两种，建筑材料或砖或木，一般坐北朝南。北面正中为堂屋，左右分别为客厅和粮仓；东厢房为厨房和餐厅，西厢房为卧室。四周有围墙或仅筑墙将东西厢房连接起来，并在围墙同堂屋相对处开门的为封闭式三合院，无围墙的为开口式三合院。中间的空地主要用作晒场，也有在周边种植花草树木的。

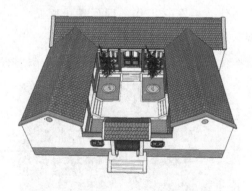

图 6-17　满族三合院平面图

　　走进三合院，我们可以看到许多农具实物图，说明在古时候满族人民以从事农业为主。来到西厢房，我们能看出这是起居室，满族人喜欢将晒干的食物——椴树叶子、玉米、豆角干、茄子干、葡萄干和红辣椒挂在房檐下，既利于保存又便于日常取用。

同学们，你们看到门前的这个东西熟悉吗？这是我们的对联。我们通常会在春节时在门前贴对联，这个风俗从古流传至今。对联由上联、下联和横批组成，哪一边是上联呢？没错，右边是上联。我们都知道古时候的写作习惯都是从右到左，跟我们现在不同，对联还延续着过去的习惯。

图 6-18　师生参观三合院

接下来是仓房和碾房，里面放着许多工具。在碾房里我们看到一头驴，它被蒙上了眼睛，为什么要在它工作的时候蒙上眼睛？主要原因是为了避免它在转圈的时候头晕。驴的脑部构造跟我们的不一样，当它看不见前方的路时就以为自己还在走直线。当然还有人说是为了避免它偷吃东西。

图 6-19　碾房

(二)合作探究活动

1. 明确问题

今天我们来到了满族三合院，了解到了它和现在我们所居住的楼房有着诸多的不同。我们都知道建造房子的时候需要进行测量，现在我们用的测量工具是各类标准的米尺。老师有个疑问，古时候满族人民在建造房子时都是如何进行测量的？在没有准确的度量工具的情况下，他们会用什么样的工具进行测量？如何记录测量数据？今天我们的任务是要解决这个问题。

图 6-20　各种标准的米尺

2. 合作探究

小朋友们可以利用现场所有的道具作为度量工具对主屋的长和宽进行测量，主要记录三种工具，并对比哪种测量工具更为准确和科学。

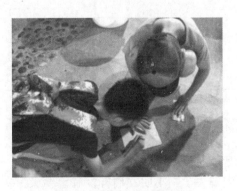

图 6-21　学生对比测量结果

3. 对比结果测试

为了得到最准确和科学的测量工具，老师准备了米尺，现在我们一起来测量对比一下，哪一个小组选取的工具最准确。

4. 总结评价

今天小朋友们的表现都很棒！我们来到了满族三合院，从建筑的角度，体验和感受到了满族人民的智慧和生活习惯，也让我们更加了解满族人民的文化生活。在当时科技不发达的情况下，他们还能自给自足，不断创造和改善生活，所以我们更要珍惜现在来之不易的便捷生活。

五、活动任务单

活动任务单如表 6-20、表 6-21 所示。

表 6-20　古代人如何测量物体

小组名称：
古代人测量物体的设计图：

表 6-21　测量数据任务表

小组名称			
小组成员			
测量实物			
第一次测量	cm	测量工具	
第二次测量	cm	测量工具	
第三次测量	cm	测量工具	

六、进阶提高

(一)拓展延伸一

现在老师的疑问解决了，小朋友们有没有想要大家一起解决的疑问呢？(鼓励小朋友提出问题)甚至可以再举例，如屋顶的形状、保暖装置(火炕＋

烟囱)的设计意图是什么?

(二)拓展延伸二

你喜不喜欢这样的房子? 如果给你一个机会可以穿越到那个时代，你愿意住这样的房子吗，为什么?

七、总结与评价

总结与评价见表 6-22 至表 6-24。

表 6-22　个人学习情况记录表

班级：	小组名称：	学生姓名：
是否喧哗	是	否
是否破坏公物	是	否
布置任务时，是否听从教师安排	是	否
能否积极参加小组的讨论活动	能	否
能否协助他人完成任务	能	否
活动中动手实践能力	○○○○○	
活动中的奇特想法		
最感兴趣的事物		
所知道的测量工具		
哪种测量工具最准确		
我想对古人说		
教师评语		

表 6-23　小组学习情况记录表

小组名称				
组员	任务分工	对测量结果是否满意	作品完成的时间(30 分钟)	教师评价
	计算和记录数据			
	固定测量工具前端			
	拉伸测量工具到末端			

表 6-24 小组组内评价表

小组名称				
组员	评分内容	评价指标	分值(分)	总分(分)
	独立完成小组安排的任务	提前	5	
		可以	3	
		不能	1	
	协助他人完成任务	积极	5	
		一般	3	
		不参与	1	
	新颖的想法	较多	5	
		一般	3	
		没有	1	
	活动过程中讨论情况	积极	5	
		一般	3	
		不参与	1	
	活动过程中发现新问题	较多	5	
		一般	3	
		不能	1	

参考文献

[1][美]L.迪安·韦布.美国教育史：一场伟大的美国实验[M].合肥：安徽教育出版社，2010.

[2][美]Robert M. Thorndike, Tracy Thorndike-Christ.教育评价 教育和心理学中的测量与评估(第八版)[M].北京：商务印书馆，2018.

[3][美]巴克教育研究所.项目学习教师指南——21世纪的中学教学法(第2版)[M].北京：教育科学出版社，2008.

[4]曹南燕.认知学习理论[M].郑州：河南教育出版社，1991.

[5]车文博.人本主义心理学[M].杭州：浙江教育出版社，2003.

[6]陈玉琨.教育评价学[M].北京：人民教育出版社，1998.

[7][美]格兰特·威金斯，杰伊·麦克泰格.追求理解的教学设计(第二版)[M].上海：华东师范大学出版社，2017.

[8]国际技术教育协会.美国国家技术教育标准 技术学习的内容[M].北京：科学出版社，2003.

[9]何克抗，林君芬，张文兰.教学系统设计(第2版)[M].北京：高等教育出版社，2016.

[10]胡中锋.教育评价学(第三版)[M].北京：中国人民大学出版社，2016.

[11]黄光扬.教育测量与评价(第二版)[M].上海：华东师范大学出版社，2012.

[12]霍华德·加德纳．多元智能新视野(纪念版)[M]．杭州：浙江人民出版社，2017.

[13][俄]列夫·谢苗诺维奇·维果茨基．思维与语言[M]．杭州：浙江教育出版社，1997.

[14]林士敏．计算机辅助教学基础教程[M]．上海：浦东电子出版社，2001.

[15][德]鲁道夫·普法伊费尔，傅小芳．项目教学的理论与实践[M]．南京：江苏教育出版社，2007.

[16][美]罗伯特·M·卡普拉罗，玛丽·玛格丽特·卡普拉罗，詹姆斯·R. 摩根．基于项目的 STEM 学习　一种整合科学、技术、工程和数学的学习方式[M]上海：上海科技教育出版社，2016.

[17]王为民，刘丽萍．"学会学习"的有效策略[M]．芜湖：安徽师范大学出版社，2013.

[18]杨韶刚．人性的彰显——人本主义心理学[M]．济南：山东教育出版社，2009.

[19]赵同森．解读人本主义教育思想[M]．广州：广东教育出版社，2006.

[20]赵中建．美国中小学 STEM 教育研究[M]．上海：上海科技教育出版社，2017.

[21]郑葳．中国 STEAM 教育发展报告[M]．北京：科学出版社，2019.

[22]钟启泉．现代教学论发展[M]．北京：教育科学出版社，1992.

[23]冯冬雪．STEM 教育的国际比较研究[D]．河南师范大学，2018.

[24]何静．小学"STEAM—博物馆"教育的实施模式研究[D]．东北师范大学，2019.

[25]李聪景．基于人本主义教育的高中英语课外作业优化设计探究[D]．郑州大学，2018.

[26]刘海艳．美国 K-12 阶段 STEM 教师专业发展研究[D]．哈尔滨师

范大学，2017.

[27]马红芹．美国 K-12 阶段"科学、技术、工程和数学"(STEM)教育研究[D]．南京师范大学，2015.

[28]覃丽君．德国教师教育研究[D]．西南大学，2014.

[29]张琳．我国中小学在职教师培训存在的问题与思考[D]．山东师范大学，2005.

[30]张玉娴．追求公平和卓越——新世纪以来澳大利亚基础教育改革研究[D]．华东师范大学，2015.

[31]蔡苏，宋倩，唐瑶．增强现实学习环境的架构与实践[J]．中国电化教育，2011(8).

[32]车文博．人本主义心理学评价新探[J]．心理学探新，1999(1).

[33]陈强，赵一青，常旭华．世界主要国家的 STEM 教育及实施策略[J]．中国科技论坛，2017(10).

[34]陈琴，庞丽娟．科学探究：本质、特征与过程的思考[J]．教育科学，2005(1).

[35]陈斌．知识建构教学的学习评价设计研究[J]．开放教育研究，2017(2).

[36]陈向明．实践性知识：教师专业发展的知识基础[J]．北京大学教育评论，2003(1).

[37]丁杰，蔡苏，江丰光，等．科学、技术、工程与数学教育创新与跨学科研究——第二届 STEM 国际教育大会述评[J]．开放教育研究，2013(2).

[38]董泽华．试论我国中小学实施 STEM 课程的困境与对策[J]．全球教育展望，2016(12).

[39]杜瑛．西方教育评价理论发展的社会文化基础探析[J]．教育测量与评价(理论版)，2012(10).

[40]范文翔，张一春．STEAM 教育：发展、内涵与可能路径[J]．现代教育技术，2018 (3).

[41]冯华．STEM 教育视野下的综合课程建设[J]．中小学管理，2016(5).

[42]傅骞，刘鹏飞. 从验证到创造——中小学 STEM 教育应用模式研究[J]. 中国电化教育，2016(4).

[43]高凯涛，高杰，贾嫚. STEM 教育理念下技术与课程的融合探究[J]. 现代教育技术，2018(9).

[44]高巍，刘瑞，范颖佳. 培养卓越 STEM 教师：美国 UTeach 课程体系及启示[J]. 开放教育研究，2019(2).

[45]何克抗. 建构主义 革新传统教学的理论基础[J]. 中学语文教学，2002(8).

[46]何苗. 从第四代评价视角看我国本科教学水平评估的完善[J]. 理工高教研究，2008(1).

[47]胡畔，蒋家傅，陈子超. 我国中小学 STEAM 教育发展的现实问题与路径选择[J]. 现代教育技术，2016(8).

[48]胡咏梅，施世珊. 相对评价、增值评价与课堂观察评价的融合：美国教师评价的新趋势[J]. 比较教育研究，2014(8).

[49]金慧，胡盈滢. 以 STEM 教育创新引领教育未来——美国《STEM 2026：STEM 教育创新愿景》报告的解读与启示[J]. 远程教育杂志，2017(1).

[50]姜涛，李夏. 增强现实学习环境的架构与实践[J]. 科技经济导刊，2017(17).

[51]康建朝. 世界主要国家开展 STEM 教育的背景、特征与启示[J]. 中国民族教育，2018(C1).

[52]柯江宁. 大学外语教学中的动机、兴趣与途径[J]. 南京政治学院学报，2001(5).

[53]李彬彬，杨晓萍. 西方教育变革的顶层设计与推进机制[J]. 教育研究，2014(10).

[54]李刚，吕立杰. 从 STEM 教育走向 STEAM 教育：艺术(Arts)的角色分析[J]. 中国电化教育，2018(9).

[55]李惠敏. 从 STEM 到 STEAM：课程理念的变迁与课程实施策

略[J].黑龙江教育学院学报，2018(12).

[56]李凌艳，李勉.从西方教育评价理论发展的视角看我国学校评估研究[J].教育理论与实践，2010(4).

[57]刘凯.STEM教学评价模式探讨——以《计数器的设计与测试》为例[J].课程教育研究，2019(47).

[58]刘丽，李兴保.近十年我国STEM教育研究热点与趋势分析[J].中国教育信息化，2018(9).

[59]刘佩佩.西方教育评价发展历史沿革[J].戏剧之家(上半月)，2013(7).

[60]罗琪.我国STEM教师培养中的问题及其应对策略[J].教学与管理(理论版)，2018(8).

[61]罗清旭.批判性思维的社会文化历史理论分析[J].五邑大学学报(社会科学版)，2003(3).

[62]彭敏，朱德全.STEAM有效教学的关键特征与实施路径——基于美国STEAM教师的视角[J].远程教育杂志，2018(2).

[63]秦瑾若，傅钢善.STEM教育：基于真实问题情景的跨学科式教育[J].中国电化教育，2017(4).

[64]时慧，李锋.新工程教育：STEM课程的视角[J].开放教育研究，2019(3).

[65]宋怡.STEM素养视域下的科学教学：审思与重构[J].现代教育科学(高教研究)，2018(8).

[66]孙江山，吴永和，任友群.3D打印教育创新：创客空间、创新实验室和STEAM[J].现代远程教育研究，2015(4).

[67]孙维，马永红，朱秀丽.欧洲STEM教育推进政策研究及启示[J].中国电化教育，2018(3).

[68]唐小为，王唯真.整合STEM发展我国基础科学教育的有效路径分析[J].教育研究，2014(9).

[69]王刚.促成深度学习的深度课堂观察[J].教学与管理，2016(28).

［70］王辉．教学绩效考核过程性评价不足的影响与改进［J］．教学与管理，2019(31)．

［71］王素．《2017 年中国 STEM 教育白皮书》解读［J］．现代教育，2017(14)．

［72］王巍，袁磊．幼小衔接阶段基于项目的 STEAM 课程教学模式研究［J］．现代远距离教育，2018(3)．

［73］王新燕，陈晨．美国 STEM 教师培养的主要经验及其启示［J］．师资建设，2018(2)．

［74］温彭年，贾国英．建构主义理论与教学改革——建构主义学习理论综述［J］．教育理论与实践，2002(5)．

［75］吴新静，盛群力．理解为先促进设计模式——一种理解性教学设计的框架［J］．当代教师教育，2017(2)．

［76］熊士荣，徐进．发现学习、接受学习、探究学习比较研究［J］．教师教育研究，2005(2)．

［77］徐学福，宋乃庆．探究学习就是创新学习［J］．人民教育，2002(12)．

［78］徐学福．探究学习的内涵辨析［J］．教育科学，2002(3)．

［79］徐韵，杜娇．从科艺综合活动到 STEAM 教育——对学校教育中艺术与科学融合的本质反思［J］．现代教育技术，2017(11)．

［80］杨彩菊，周志刚．西方教育评价思想嬗变历程分析［J］．国家教育行政学院学报，2013(5)．

［81］杨晓江．美国基础教育鉴定制度浅析［J］．比较教育研究，2001(9)．

［82］杨晓哲，任友群．数字化时代的 STEM 教育与创客教育［J］．开放教育研究，2015(5)．

［83］杨亚平．美国、德国与日本中小学 STEM 教育比较研究［J］．外国中小学教育，2015(8)．

［84］杨彦军，饶菲菲．跨学科整合型 STEM 课程开发案例研究及启示——以美国火星教育项目 STEM 课程为例［J］．电化教育研究，2019(2)．

［85］余胜泉，胡翔．STEM 教育理念与跨学科整合模式［J］．开放教育研

究，2015(4).

[86]袁磊，王健博乐．基于学科课程重构的小学 STEAM 课程设计[J]. 现代远距离教育，2019(2).

[87]袁磊，张昱昕．学科课程项目化：STEAM 课程内容设计[J]. 开放教育研究，2019(1).

[88]袁磊，赵玉婷．STEAM 理念与小学"研究性学习"课程的深度融合研究[J]. 现代远距离教育，2018(1).

[89]袁磊，赵玉婷．STEM 教育的冷思考：STEM 教育与 STS 教育的辨析[J]. 现代远距离教育，2017(5).

[90]袁磊，赵玉婷．小学女生在 STEM 教育中的学习差异及对策研究[J].中国电化教育，2017(6).

[91]袁磊．核心素养视域下 STEAM 教育的课堂教学变革[J]. 中国电化教育，2019(11).

[92]张彩霞．STEM 教育核心理念与科技馆教育活动的结合和启示[J]. 自然科学博物馆研究，2017(1).

[93]张建伟，陈琦．从认知主义到建构主义[J]. 北京师范大学学报(社会科学版)，1996(4).

[94]张茉，王巍，袁磊．幼儿园 STEAM 教育的活动设计研究[J]. 现代远距离教育，2018(4).

[95]张文兰，张思琦，林君芬，等．网络环境下基于课程重构理念的项目式学习设计与实践研究[J]. 电化教育研究，2016(2).

[96]赵呈领，申静洁，蒋志辉．一种整合创客和 STEM 的教学模型建构研究[J]. 电化教育研究，2018(9).

[97]赵慧臣，陆晓婷．开展 STEAM 教育，提高学生创新能力——访美国 STEAM 教育知名学者格雷特·亚克门教授[J]. 开放教育研究，2016(5).

[98]赵学凯．认知学习理论与外语电化教学实践[J]. 外语电化教学，2001(1).

[99]赵中建．21 世纪技能之基石：STEM：美国教育战略的重中之

重[J].上海教育，2012(11).

[100]朱婕.MINT 教育：德国经济发展的内驱动[J].开封教育学院学报，2019(3).

[101]朱珂，杨冰，高晗蕊，等.活动理论指导下的 STEM 学习活动模型研究[J].现代教育技术，2017(11).

[102]专家论证《STEM 教师能力等级标准》探讨 STEM 教师队伍专业化[J].中小学信息技术教育，2017(10).

外文文献

[1]Ausubel，P.David. Perception Versus Cognition in Meaningful Verbal Learning[J]. The Journal of General Psychology，1965（2）：185-187.

[2]Rodger W. Bybee. EDITORIAL：What Is STEM Education？[J]. Science，2010(5995)：996.

[3]A.E.Gates. Benefits of a STEAM Collaboration in Newark，New Jersey：Volcano Simulation Through a Glass-Making Experience[J]. Journal of Geoscience Education，2017(1)：4-11.

[4]M.S.Edy Hafizan，H.Lilia，R.Mohamad Sattar，et al. Students' interest towards STEM：a longitudinal study[J]. Research in Science & Technological Education，2019(1)：71-89.

[5]Enying Lai，Yushan Zhang，Jianhua Wang. Developing students' engineering concepts with learning module aids[J]. 2nd International STEM in Education Conference，2012(56)：312-317.

[6]C.Liao. From Interdisciplinary to Transdisciplinary：An Arts-Integrated Approach to STEAM Education[J]. Art Education，2016（6）：44-49.

[7]E.Perignat & J.Katz-Buonincontro. STEAM in Practice and Research：An Integrative Literature Review[J]. Thinking Skills and

Creativity，2019(10)：31-43.

[8] V. V. Rubtsov. Cultural-Historical Scientific School：The Issues That L. S. Vygotsky Brought Up[J]. Cultural-Historical Psychology，2016 (3)：4-14.

[9]F. James Rutherford. The Role of Inquiry in Science Teaching[J]. Journal of Research in Science Teaching，2010(2)：80-84.

[10]Joseph J. Schwab. The Teaching of Science as Inquiry[J]. Bulletin of the Atomic Scientists，1958(9)：374-379.

[11]Laurance J. Splitter. Authenticity and Constructivism in Education [J]. Studies in Philosophy and Education，2009(28)：135-151.

[12]P. Tul'viste. Discussion of the Works of L. S. Vygotsky in the USA[J]. Journal of Russian and East European Psychology，1989(2)：37-52.

[13] M. Yilmaz，J. Ren，S. Custer et al. Hands-on summer camp to attract K-12 students to engineering fields [J]. IEEE Transactions on Education，2010(1)：144-150.